사람은 왜 아플까

사람은 왜
05 생명

사람은 왜 아플까

신근영 지음

낮은산

| 들어가며 |

'아프다는 것'에 질문을 던지다

실제로 나는 얼마 후, 백의 아내가 해산하는 것을 보러 그의 집으로 갔습니다. 역시 의사나 산파의 도움을 빌려서 해산을 하지요. 그렇지만 해산을 하기 전, 아버지는 전화라도 걸 듯이 어머니의 생식기에 입을 대고, "너는 이 세상에 태어날지 말지 잘 생각해 보고 대답을 해라." 하고 큰 소리로 묻는 것입니다. 백도 역시 무릎을 꿇고 몇 번이고 되풀이해서 이렇게 물었습니다. 그러고는 테이블 위에 있던 소독용 물약으로 양치질을 했습니다. 그러자 부인의 배 속에 있는 아이는 다소 주위에 신경을 쓰듯 하며 작은 소리로 이렇게 대답을 했어요. "나는 태어나고 싶지 않아요. 무엇보다도 아버지한테서 정신병이 유전되는 것만 해도 문제구요. 게다가 갓파라는 존재를 나쁘다고 믿고 있으니까요."

— 아쿠타가와 류노스케, 「갓파」에서

일본 소설가 아쿠타가와 류노스케의 단편소설 「갓파」의 한 장면입니다. 갓파는 일본 민담에 등장하는 전설적인 요괴랍니다. 소설의 주인공인 '나'는 어느 날 우연히 이 갓파의 세계를 여행하게 됩니다. 그곳에서 '나'는 갓파인 '백'의 아내가 해산하는 장면을 목격합니다. 그런데 그 해산 방법이 참으로 기묘합니다. 아이가 태어나기 전, 아빠 갓파인 백이 아이에게 태어날지 말지를 물어보는 겁니다. 아이는 아빠의 물음에 조심스레 대답합니다. 태어나고 싫지 않다고. 그렇게 해산은 끝이 납니다.

아기 갓파가 태어나고 싶지 않은 이유는 아버지의 정신병을 자신도 앓을까 봐 두려워서였습니다. 사실 아기 갓파의 두려움은 이 작품을 쓴 작가 류노스케의 것입니다. 류노스케의 어머니는 정신병을 앓다 돌아가셨습니다. 류노스케가 태어나기 1년 전 죽은 누이 때문이었지요. 류노스케가 태어났지만, 엄마는 딸의 죽음으로 인한 충격에서 벗어나지 못했습니다. 결국 류노스케가 7개월 되었을 무렵, 엄마는 정신이상이 되어 버립니다. 그리고 류노스케가 11살 되던 해 세상을 떠납니다. 그렇게 류노스케는 자신 역시 어머니와 같은 병에 걸릴지도 모른다는 두려움을 품게 됩니다.

서른 살 무렵부터 류노스케는 이런저런 질병에 시달렸습니다. 신경쇠약으로 인해 잠 못 드는 밤도 많아졌습니다. 몸과 마음 모두 힘든 시기였습니다. 이런 그에게 삶은 그리 좋아 보이지 않았습니다. 아픔을 안고 살아가야 하는 인간이라는 존재가 나빠 보였습니다. 류노스케는 자신의 이런 마음을 갓파를 통해 말합니다. 태어날 때 누군가 자신에게 태어날지 말지를 물었다면, 자신은 태어나지 않겠다고 답했을 거라고. 그랬다면 자신은 이런 아픔 속에서 살지 않아도 되었을 거라고.

맞는 말입니다. 태어나지 않았다면 아프지 않았을 겁니다. 바꿔 말하면, 아픔은 태어남과 함께 옵니다. 류노스케는 알고 있었습니다. 아픔은 삶과 한 몸이라는 것을 말이죠. 넘어져서 무릎이 깨지기도 하고, 환절기면 감기에 걸려 콜록거리기도 하며, 가끔은 심한 열 때문에 며칠을 드러누워 있기도 합니다. 두통 때문에 짜증이 올라오기도 하고, 허리가 아파 의자에 앉아 있기가 영 불편해지기도 하며, 끝나지 않을 듯한 만성적인 통증에 시달리기도 합니다. 그리고 때로는 생명을 위협하는 질병을 겪기도 하지요. 어디 몸뿐인가요. 친구와 다퉈서 마음이 쓰리기도 하고, 이별의 상처로 밤잠을 설치기도 하며, 자기 존재를 인정받지 못해 괴롭기도 하고, 원하는 것을 이루지 못해 자괴감에 빠지기도 합니다. 살아간다는 건, 이렇듯 크고 작은 아픔들과 함께 살아간다는 뜻입니다.

모든 생명은 그 안에 아픔을 담고 있습니다. 우리는 서로 다른 생김새, 서로 다른 성격, 서로 다른 취향을 가지고 서로 다른 삶의 경로들을 걸어가지만, 생명인 이상 아픔이라는 공통분모를 갖습니다. 만약 아픔을 겪지 않는 어떤 존재가 있다면, 그건 이미 살아있는 생명이 아닐 겁니다. 요컨대, 생명이기에 아프고, 아프기에 생명입니다!

그런데 류노스케에게는 아플 수밖에 없는 존재, 그 생명이라는 존재가 나빠 보였습니다. 아픔은 삶을 괴롭게 만들 뿐이었습니다. 우리 역시 류노스케처럼 생각하곤 합니다. 아픔이란 삶의 걸림돌일 뿐이라고 말이죠. 그래서 그 걸림돌을 얼른 치워 버리는 데 급급합니다. 하지만 아픔은 다시 찾아오기 마련이고, 우리는 또 다시 그것을 치워 버리는 일로 바빠집니다. 그렇다면 이렇게 아픔과의 끝나지 않는 싸움 속에서 삶을 보내는 것 말고는 다른 길이 없을까요?

아픔을 싸워야 할 것으로 여기는 이유는, 아픔이 삶의 장애물처럼 느껴지기 때문입니다. 아픔은 우리를 불편하게 만듭니다. 다리를 다치면 움직이는 것이 불편해지고, 시험에 떨어지면 마음이 불편해집니다. 아픔이 찾아오면, 아프기 전에는 아무렇지도 않던 몸과 마음이 턱턱 걸립니다.

건강할 때 우리의 일상은 매끄럽습니다. 몸과 마음에 걸리적거리는 것이 없습니다. 그렇기에 건강이란 몸과 마음이 투명한 상태라고 할 수 있습니다. 우리는 그 투명한 몸과 마음 덕분에 하고자 하는 일들을 거리낌 없이 할 수 있습니다. 그러다 아픔이 찾아오면 그 투명함이 깨지고, 몸과 마음이 도드라집니다.

예를 들어 봅시다. 펜을 가지고 일기를 쓰고 있다고 해 보죠. 이럴 때 우리는 보통 무슨 내용을 쓸지, 어떻게 쓸지에 집중할 겁니다. 펜은 그저 일기를 쓰는 도구일 뿐, 우리의 주의를 끌지 않습니다. 즉, 펜은 투명합니다. 그러나 펜이 잘 나오지 않기 시작하면 상황이 바뀝니다. 우리는 펜이 왜 안 나오는지, 어디가 잘못되었는지 이리저리 살피기 시작합니다. 이제 우리의 시선을 사로잡는 것은 펜이 됩니다. 일기를 쓰는 데 집중할 때는 그저 배경이기만 했던 펜이 주인공이 되는 겁니다.

이것이 바로 아픔의 상태입니다. 아픔은 분명 몸과 마음을 걸리적거리게 만듭니다. 하지만 그것은 펜이 잘 나오지 않는 때처럼, 언제나 배경에만 머물러 있던 우리 몸과 마음이 도드라져 올라오는 순간이기도 합니다. 아픔이라는 장애물 때문에, 그 불편함 때문에, 비로소 우리의 몸과 마음이 우리 관심의 한복판에 자리하게 됩니다.

그렇기에 독일의 철학자 한스 게오르크 가다머는 건강은 자기 망각이라는 놀라움에 속한다고 말합니다. 반면 아픔은 그 자기 망각이 깨지는 때입니다. 아픔이 찾아와야 비로소 우리는 우리 자신을 만나게 되는 겁니다. 여기에 건강이 갖는 아이러니, 아픔이 갖는 아이러니가 있습니다. 정작 건강할 때는 잊고 사는 '나'라는 존재를 내게 돌려주는 것은 아픔이기 때문입니다. 건강은 어떤 면에서 나를 잃어버린 아픈 상태이고, 아픔은 나를 되찾는 건강 상태가 되는 것입니다.

이제 우리는 아픔 앞에서 두 개의 길을 생각할 수 있습니다. 하나는 아픔이라는 장애물을 치워 버리고 건강을 회복하는 길입니다. 이 길 위에서 아픔은 건강과 완전히 반대되는 방향을 향합니다. 다른 하나의 길은 아픔 그 자체를 사유의 대상으로 삼고 건강의 한 상태로 대하는 것입니다. 자기 망각에서 깨어나 나를 만나는 길로서 말이죠.

이 책은 두 번째 길 위에 서 있습니다. 물론 아픔을 치유하고 건강을 회복하는 첫 번째 길 또한 중요합니다. 하지만 우리는 아픔을 없애려는 조급한 마음을 잠시 내려놓으려 합니다. 그 조급함으로 인해 삶이 온통 아픔과의 싸움터가 되고, 그 싸움에서 자신을 잃어버리는 일이 없도록 말이죠. 대신 우리는 하나의 질문을 던지려 합니다. "사람은 왜 아플까?"라고. 아픔에 던지는 이 질문은 우리 자신에게 던지는 질문으로 돌아올 겁니다. 너는 어떤 존재이기에 아프냐고, 너의 삶은 어떻게 아픔과 이어져 있느냐고 말이죠. 이 두 번째 길에서 아픔은 하나의 렌즈입니다. 몸과 마음, 나라는 존재, 그리고 한 생명을 들여다보는 렌즈!

이 렌즈는 우리를 다채로운 세계로 안내할 것입니다. 왜냐하면 '나'라는 존재의 스펙트럼은 엄청나게 넓기 때문입니다. 나는 나만의 특성을 가진 고유한 존재이기도 하지만, 수억 년의 세월을 이어 온 생명의 흐름 속에 놓인 존재이기도 하며, 미생물을 비롯한 온갖 생명체들과 상호 작용하는 존재이기도 하고, 사회에 속해 살아가는 존재이기도 합니다. 나는 몸을 쓰는 만큼 마음을 쓰며 살아가고, 삶은 그런 몸과 마음이 서로 얽혀 돌아가며 만들어집니다. 이렇게 각기 다른 지층들을 가로지르며 '왜 아플까'라는 질문을 던지려 합니다. 우리가 서 있는 지층이 달라지면, 아픔의 렌즈가 보여 주는 풍경 또한 달라질 겁니다.

그 풍경은 어떨까요? 생명은 어떻게 수억 년의 시간을 아픔과 함께 걸어왔을까요? 우리 몸이 다른 생명체들과 지지고 볶으며 사는 세계, 또 인간들이 모여 사는 사회에서의 아픔은 어떤 모습일까요? 대체 아픔이라는 감정의 정체는 무엇이고, 우리의 몸과 마음은 어떻게 그 아픔들을 겪어 나갈까요? 거기에는 아픔과의 전쟁터가 되어 버린 삶만이 있을까요? 아니면, 이와는 다른 풍경이 우리를 기다리고 있을까요? 우리는 이 질문들을 통해 자기 망각을 깨고 한 걸음 한 걸음 '나'에게 다가가는 길을 내려 합니다. 그렇게 아픔 속에 건강이라는 작은 길을 내어 보려 합니다.

그럼, 이제 렌즈 속으로 떠나 볼까요.

| 차례 |

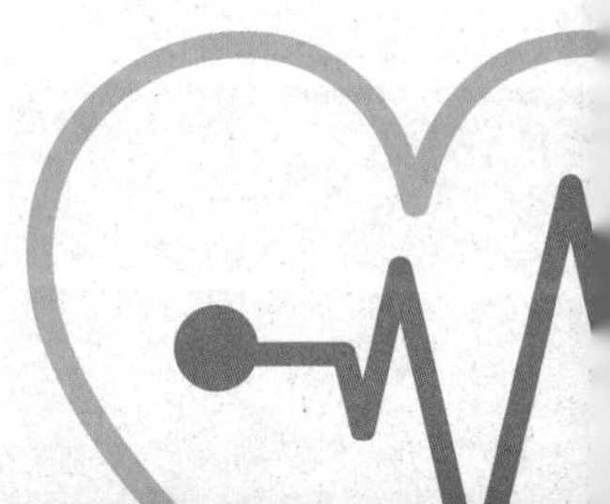

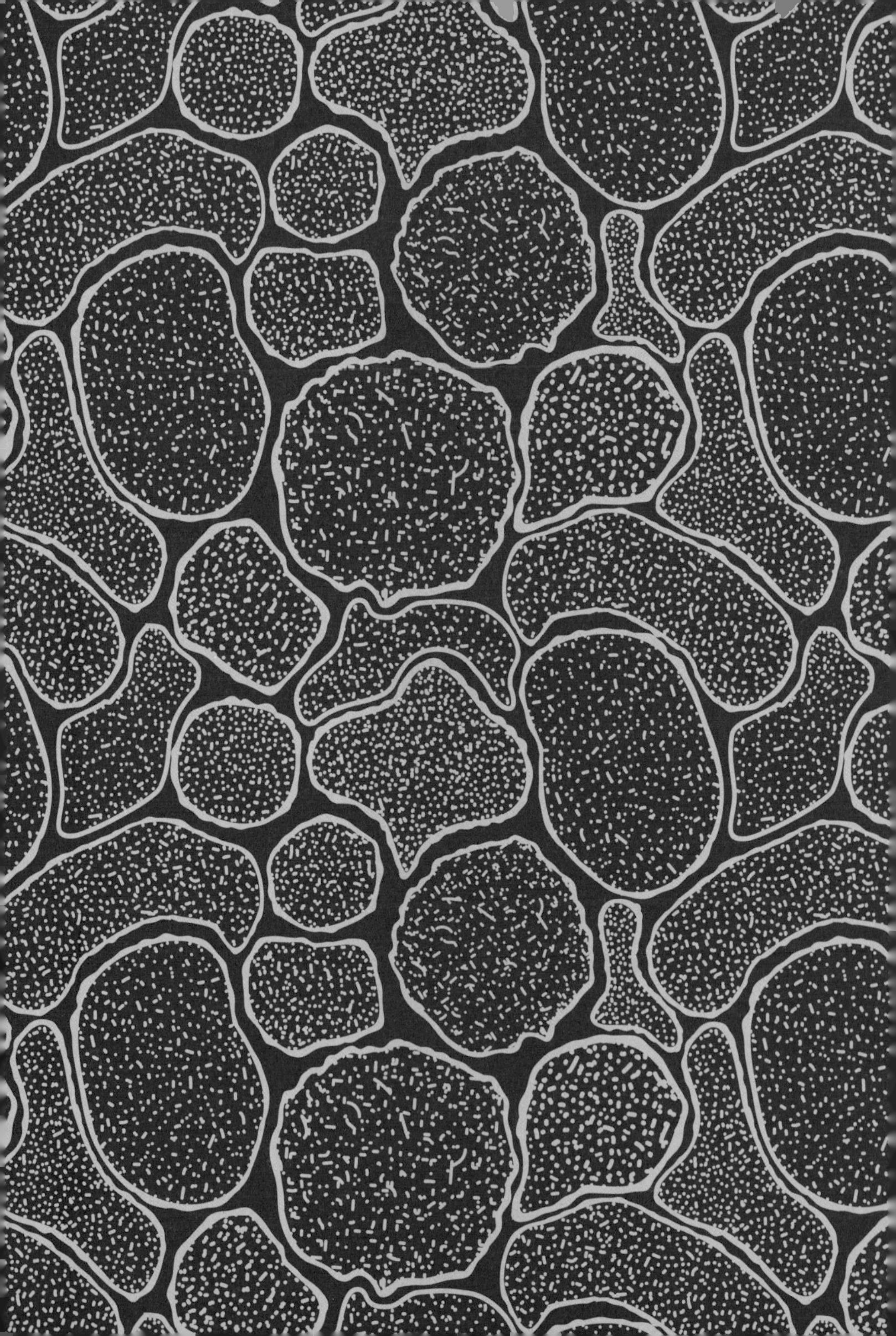

01

생명과 아픔

생명, 그 불완전함에 대하여

몸, 얽혀 있는 하나의 세계

우리는 시간 여행자

다른 환경, 다른 질병

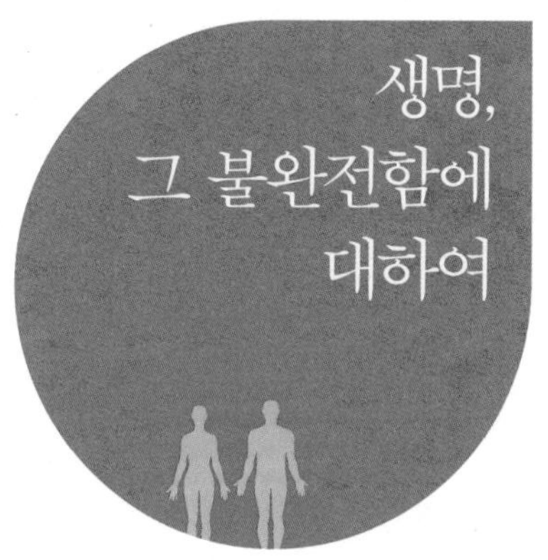

생명, 그 불완전함에 대하여

인간의 몸은 놀랍습니다. 아니, 놀랍다는 말로는 부족할 듯 싶습니다. 우리 몸의 신장은 고작 10센티미터 정도이지만, 이를 대신할 인공 신장을 만들게 되면, 그 크기가 중형 냉장고만 해집니다. 그럼에도 인공 신장은 자연 신장이 하는 일의 일부분만을 겨우 흉내 낼 뿐입니다. 뼈의 경우에는 같은 무게의 철근보다 튼튼할 뿐 아니라, 그 안에서 혈액세포들이 안전하게 만들어지기까지 합니다. 또 우리가 만약 숲속에서 맹수를 만난다면, 우리 눈이 그것을 보고, 그 신호를 뇌로 전달한 다음, 호랑이라는 것을 인식한 후, 근육을 긴장시켜 도망치기까지, 이 모든 과정을 처리하는 데 겨우 수분의 1초밖에 걸리지 않습니다. 최첨단의 컴퓨터도 따라올 수 없는 경지죠. 어떤 기술력으로도 모방 불가능한 우리 몸의 복잡한 메커니즘. 한마디로 경이로움 그 자체입니다.

인간의 이 경이로운 몸은 40억 년이라는 기나긴 세월을 통과해 온 결과물입니다. 40억 년 전, 온갖 물질들이 뒤섞여 있던 바다로부터 최초의 생명체가 출현합니다. 바로 하나의 세포가 몸의 전부인 단세포 생물이죠. 이 꼬물거리는 생명체는 자신을 둘러싼 환경과 상호 작용을 해 나가며, 영양분을 섭취하고 번식을 합니다. 이 과정에서 생존과 번식에 적합한 놈들은 살아남고, 그렇지 못한 놈들은 사라지게 됩니다. 이런 적응 과정을 가리켜 '자연 선택'이라 일컫습니다.

단세포 생물들로 가득했던 지구에 새로운 변화의 바람이 불어온 것은 이 단세포 생물들이 한집 살림을 하면서부터입니다. 단세포 생물들이 합쳐지면서 좀 더 복잡한 세포 구조들이 생기고, 나아가 다세포 생물들이 출현하게 된 것이죠. 이런 단세포 생물들과 다세포 생물들이 이곳저곳으로 퍼져 나가면서 지구는 더욱더 왁자지껄해집니다. 시간과 공간에 따라 달라지는 다양한 환경에 적응해 나가면서 여러 생명체들이 생겨나기 시작한 겁니다.

가장 먼저 시끄러워진 곳은 최초의 생명체가 태어난 바다였습니다. 플랑크톤과 같은 작은 생명체를 비롯해서 온갖 식물과 동물들이 바다에서의 삶을 시작했습니다. 그리고 이로부터 육지라는 새로운 환경으로 퍼져 나간 생명체들이 생겨났습니다. 개구리와

같은 양서류부터, 공룡으로 대표되는 파충류, 그리고 몸집이 큰 포유류와 하늘을 나는 새까지 차례로 생명의 역사에 자신의 이름을 올렸습니다. 이처럼 생명체들이 새로운 환경에 적응해 변화하면서 새로운 생명의 가지들이 갈라져 나오는 것을 '진화'라 합니다.

인간은 자연 선택을 통해 이어져 온 기나긴 진화의 시간을 자기 안에 가지고 있습니다. 바꿔 말해, 생존에 적합한 것들은 남기고, 해로운 것들은 털어 내는 과정을 겪어 온 것이죠. 그 결과 우리는 지금의 이 경이로운 몸을 갖게 되었습니다.

그런데 여기서 한 가지 의문이 생깁니다. 만약 인간이 이런 적응 시간을 거쳐 왔다면, 왜 우리 몸은 아직도 질병에 시달리고 있는 걸까요? 어떻게 질병이란 것이 생존에 적합하지 않는 것들을 걸러 내는 자연 선택이라는 시험대를 통과해 여전히 우리를 아프게 하는 것일까요? 혹 우리의 진화가 덜 이루어진 탓에 아직 질병이 남아 있는 것일까요? 적응을 더 하게 되면 질병에서 벗어나게 될까요? 그러면 아픔이 끝나는 날이 올까요?

진화의 원리 안에서 우리가 겪는 질병과 진화는 함께 있을 수 없는 것처럼 보입니다. 모순되어 보이는 겁니다. 그러나 그런 모순은 겉모습일 뿐입니다. 진화의 시간 안으로 깊숙이 들어가면, 거기에는 매우 다른 풍경이 펼쳐집니다. 그것은 생명과 질병이 모순을 이루면서도 함께 진화의 길을 걸어가고 있는 모습입니다.

판다의 여섯 번째 손가락

진화와 질병이 가진 수수께끼를 풀기 위해 작은 단서 하나에서 출발하려 합니다. 자이언트판다입니다. 흔히 '자이언트'를 생략하고 판다라고 부르는데, 귀엽고 독특한 외모가 자랑인 곰이지요. 동글동글한 얼굴과 토실토실한 몸통, 거기에 짧은 팔과 다리를 가진 아기 같은 외모. 또 하얀 몸에 까만 장갑과 장화, 그리고 까만 안경까지 쓰고 바닥에 철퍼덕 앉아 두 손으로 대나무 잎을 뜯어 먹는 모습. 보통의 곰과는 구별되는 이런 모습 때문에 자이언트판다는 곰들 중 단연 인기 최고죠.

그러나 자이언트판다만이 가진 독특함은 여기서 끝이 아닙니다. 대나무를 먹고 있는 판다의 모습을 좀 더 클로즈업해 보죠. 대나무를 쥐고 있는 손입니다. 그중에서도 엄지손가락이 보이시나요? 어떠세요? 네, 판다의 엄지손가락은 좀 실망스럽습니다. '최고!'라며 말하며 엄지를 척 올리기에는 너무 짧고 뭉뚝합니다. 이렇게 어설픈 엄지는 귀요미 외모에 난 흠집처럼 보이지만, 실은 판다의 가장 중요한 특징이자 생명의 비밀을 담은 열쇠입니다.

자이언트판다는 엄지와 다른 손가락 사이에 대나무 줄기를 끼고 잎을 훑어서 먹습니다. 이때 판다의 엄지는 곰보다는 인간 손가락에 가깝습니다. 인간의 엄지처럼, 판다의 엄지는 다른 손가락

자이언트판다가 보통의 곰과
다른 엄지를 가진 이유는
식성 때문입니다. 하루에 10시간에서
12시간을 바닥에 앉아 우적우적 대나무를
훑어 먹는 편식쟁이 판다에게 유연한 엄지는
생존에 적합한 진화였던 겁니다.

과 맞닿을 수 있게 유연하게 구부러지는 것이지요. 보통의 곰은 그런 엄지를 갖지 않습니다. 주로 달리고 할퀴는 데 손을 쓰기 때문입니다. 생각해 보세요. 만약 엄지가 쉽게 구부러진다면, 땅을 박차고 달리거나 힘 있게 할퀴는 데 도움이 되지 않을 겁니다. 유연한 엄지란 보통의 곰들이 살아가는 데 오히려 번거롭고 불편할 뿐이지요.

자이언트판다가 보통의 곰과 다른 엄지를 가진 이유는 식성 때문입니다. 일반적으로 곰은 식물과 동물을 모두 먹는 잡식성입니다. 그러나 자이언트판다는 오로지 대나무반을 먹는 쪽으로 적응해 왔습니다. 하루에 10시간에서 12시간을 바닥에 앉아 우적우적 대나무를 훑어 먹는 편식쟁이 판다에게 유연한 엄지는 생존에 적합한 진화였던 겁니다.

그런데 잠깐, 판다의 손을 자세히 보니 손가락이 모두 여섯 개네요. 보통의 곰이 가진 그 엄지를 판다 역시 가지고 있습니다. 판다의 유연한 엄지는 이 원래의 엄지 약간 아래쪽에 혹처럼 뽈록 튀어나와 있습니다. 사실 판다의 그 짧고 뭉뚝한 엄지는 손가락이 아닙니다. 그건 요골종자골, 즉 툭 튀어나온 손목뼈로부터 만들어진 겁니다. 판다가 대나무를 쥐고 먹기 위해서는 유연한 손가락이 필요했습니다. 그런데 기존에 있던 손가락들은 다른 곰들처럼 달리고 할퀴는 일에 특화되어 있었죠. 그때 판다의 유난히 크고 도드라진 손목뼈가 한몫을 하게 됩니다.

판다는 임시방편으로 손목뼈를 이용하기 시작했습니다. 그중에는 손목뼈가 좀 더 큰 판다가 있었을 거고, 심지어 살짝살짝 움직이는 게 가능한 놈들이 있었을 겁니다. 그런 판다들은 다른 놈들보다 대나무를 먹기 쉬웠을 거고, 그 덕분에 더 잘 살아남을 수 있었습니다. 그렇게 몇 세대가 흐르자, 인간을 닮은 여섯 번째 엄지를 가진 판다들만이 살아남아 오늘에 이른 것입니다.

판다의 진짜 엄지손가락은 이미 다른 역할에 할당되어 있어 별도의 기능을 갖기에는 지나치게 특수화된 상태여서 물건을 붙잡을 수 있도록 서로 마주 볼 수 있는 손가락으로 변화한다는 것은 불가능했다. 따라서 판다는 손에 있는 다른 부분을 활용해야만 했으며, 그래서 확대시킨 손목뼈를 사용했다. 이것은 조금 꼴사납긴 하지만, 그래도 훌륭하게 작동되는 해결책이었다. 종자골 엄지손가락은 기술자들의 대회에서 상을 탈 수 없는 수준이었다. (……) 그것은 임시변통의 장치이지 특출나게 새로운 발명품은 아닌 것이다. 그러나 그것은 매우 훌륭하게 작동하고 있으며, 전혀 있을 법하지 않는 것을 기반으로 구축되었기 때문에 한층 우리의 상상력을 자극한다.

— 스티븐 제이 굴드, 『판다의 엄지』에서

진화는 분명 적응적 과정입니다. 이때 '적응'이란 항상 '그때그때' 이루어지는 임시방편의 과정입니다. 진화는 완성된 설계도를 가지고 작업을 시작하는 기술자들과는 다릅니다. 적응은 미래를 내다보는 원대한 계획 속에서 움직이지 않습니다. 아니, 그렇게 움직일 수 없습니다. 대체 어떤 판다가 수십, 수백 년 후에 자신이 채식주의자가 된다는 것을 알 수 있을까요. 어떻게 그런 변화에 미리 대비해서 처음부터 그럴싸한 여분의 손가락을 설계도에 넣을 수 있을까요. 생명은 오로지 지금 자신 앞에 닥친 그 환경에 적응할 뿐입니다. 그리고 환경이 바뀌면, 진화의 방향은 틀어지고 새로운 길로 들어서게 되는 겁니다. 판다처럼 이미 자기가 갖고 있던 것들을 다른 용도로 재활용하면서 말이죠.

생명, 브리콜라주의 예술가

진화란 그때그때 이루어지는 임시방편적 적응입니다. 그래서 프랑스의 생물학자 프랑수아 쟈콥은 생명이란 뛰어난 땜장이기는 해도 성스러운 숙련공은 아니라고 얘기합니다. 이런 땜장이가 만들어 낸 몸은 어딘가 엉성하고 허술할 수밖에 없습니다. 그렇다면 이런 어설픈 생명의 시간에서, 우리는 어떻게 놀랍도록 복잡한 몸이 되었을까요?

잠깐 예술 얘기를 해 보죠. '브리콜라주'라는 말을 들어 보신 적 있나요. 브리콜라주는 손에 닿는 대로 아무거나 이용해 작품을 만드는 예술 활동입니다. 〈우편배달부 슈발의 아방궁〉은 브리콜라주의 대표적인 작품으로, 동서양의 다양한 건축 양식을 구현하고 있습니다. 이 궁을 본 피카소는 감탄을 금치 못했다고 합니다.

그런데 이 놀라운 궁전은 잘 짜인 설계도나 그럴싸한 재료를 가지고 만들어지지 않았습니다. 우편배달부 슈발이 편지를 배달하면서 길에서 주운 돌들을 그때그때 쌓아 만든 것이지요. 브리콜라주의 예술가인 브리콜뢰르는 이렇게 자신이 우연히 만난 재료들로 작업을 합니다.

브리콜뢰르는 멋진 설계도와 재료가 있어야 훌륭한 작품이 나온다는 우리의 편견을 깹니다. 그들은 완전한 설계도도, 대단한 재료도 기다리지 않습니다. 브리콜뢰르는 어떤 재료든 훌륭한 재료로 탈바꿈시키고, 지금의 상태에 새로운 것을 덧붙여 하나의 작품을 만듭니다. 바로 이런 이유로 그들의 작품에는 다양한 차원이 함께 담기게 되는 것이죠. 이런 면에서 브리콜뢰르야말로 진정한 능력자입니다.

생명은 이와 같은 브리콜뢰르입니다. 매번 새로운 환경에서 자신이 가진 제한된 재료들로 어떻게든 적응해 나가는 것이 생명의 모습입니다.

브리콜뢰르는 멋진 설계도와 재료가 있어야
훌륭한 작품이 나온다는 우리의 편견을 깹니다.
그들은 완전한 설계도도, 대단한 재료도 기다리지 않습니다.
브리콜뢰르는 어떤 재료든 훌륭한 재료로 탈바꿈시키고,
지금의 상태에 새로운 것을 덧붙여 하나의 작품을 만듭니다.

진화란 오히려 방랑하는 한 예술가와 비슷하다. 그는 세상을 떠돌아다니며 여기저기에서 실 한 가닥, 깡통 한 개, 나무 한 토막을 주워 그것들의 구조와 주위 사정이 허락하는 대로 그것들을 합친다. (……) 그가 떠돌아다니면서 서로 어울리게 연결해 놓은 부분들이나 형태들로부터 온갖 복잡한 형태들이 생겨났을 뿐이다.

— 움베르또 마뚜라나/프란시스코 바렐라, 『앎의 나무』에서

우리는 인간 몸이 가진 그 복잡함에 경탄해 마지않지만, 사실 그 놀라움이란 설계도가 있을 것이라는 믿음을 전제로 합니다. 그저 때에 따라 되는대로 마구잡이로 이어 붙인 것이라면, 당연히 복잡해질 수밖에 없을 겁니다. 마치 옷들을 아무렇게나 구겨 넣은 옷장이 더 정신없고 복잡한 것처럼요.

슈발의 작업이 그렇듯, 생명은 사전에 완성된 설계도 없이 출발합니다. 그리고 진화라는 시간을 통과하며 다양한 차원들을 담은 몸을 갖게 됩니다. 이처럼 진화는 이러저런 것들이 합쳐져서 하나로 딱 맞아 떨어지지 않는, 복잡하고 어설픈 몸을 만듭니다. 만약 우리 몸의 신비가 있다면, 이렇게 마구잡이식으로 만들어진 몸이 용케도 잘 작동한다는 사실일 겁니다.

불완전하기에 완전하다

만약 생명이 완벽한 설계도를 가지고 출발했다면 어떻게 됐을까요? 그래서 시간은 좀 걸리지만 완전한 생명체를 만들 수 있다면, 우리는 질병에서 완전히 해방되지 않을까요? 어쩌면 이런 식의 시나리오가 가능할지도 모르겠습니다. 하지만 한 가지 알아야 할 것이 있습니다. 그 시나리오에는 질병도 없지만, 생명체 또한 사라질 것이라는 점입니다. 완전한 설계도에서는 생명 자체가 불가능하기 때문입니다.

생명체가 지금의 환경에 꼭 들어맞는 적합한 형질과 기능들만을 가진 완전한 상태라면, 환경의 변화에 적응할 수가 없습니다. 지금 이 순간에 가진 몸의 구조와 기능이 다른 때에는 다른 것으로 변하고 사용될 여지가 있어야 적응이 가능합니다. 즉, 하나의 구조로 고착되어 있지 않아야, 하나의 기능으로 전문화되어 있지 않아야 살아남을 수 있는 겁니다. 그렇기에 어떤 몸의 구조와 기능도 적합도 100%가 되어서는 안 됩니다. 이를테면, 몸에 완전히 들어맞는 옷은 시간이 흘러 살이 찌거나 빠지면 무용지물이 되어 버리는 것처럼 말이죠.

생명은 완전함이 아니라 유연성을 지향합니다. 필요한 것이 모두 갖추어져 모자라거나 흠이 없는 상태는 진화의 시간을 살아가는 데 적합하지 않습니다. 거기에는 변화하는 환경에 적응해 나갈 아무런 잠재력이 없기 때문입니다. 만약 판다의 손목뼈가 오로지 손목뼈로서만 완전하게 만들어졌다면, 어떻게 손가락 대용으로 쓰일 수 있었겠어요. 딱 들어맞게 채워진 상태가 아니기에 다른 것으로 사용될 여지가 있는 겁니다. 결론적으로, 진화의 임시변통은 무능력이 아니며, 우리의 어설픈 몸은 결함이 아닙니다. 이것이야말로 오늘날 모든 생명체가 존재하게 된 원천이며, 힘입니다. 변하고 싶으면, 그래서 생존하고 싶으면 어딘가 어설퍼야 합니다. 생명은 불완전하기에 완전합니다.

진화의 시간 속에서 질병은 생명의 역사가 가진 또 하나의 발걸음입니다. 우리는 오랜 시간 적응하며 변화했기에 아픕니다. 그리고 그렇게 또 다른 적응과 변화로 나아가기 위해서는 아플 수밖에 없습니다. 진화란 언제나 어설픈 땜장이 몸과 함께 가기 때문입니다. 그러니 이제 판다의 귀여운 외모에만 눈을 주지 말고, 그 조잡하기 이를 데 없는 뭉뚝한 엄지에도 박수를 보내는 게 어떨까요. 그 엄지 덕분에 우리는 지금도 그 귀요미 판다들을 만날 수 있으니 말이에요.

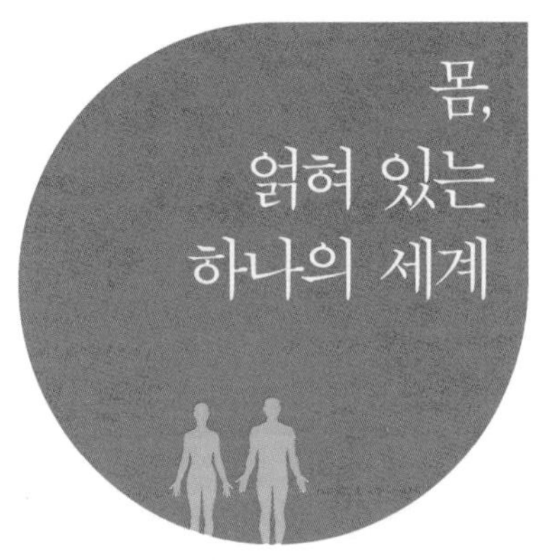

지금으로부터 1000만 년 전, 지구에 커다란 변화가 일어났습니다. 아시아 대륙에 거대한 히말라야 산맥이 생겨난 겁니다. 이 높디높은 산맥은 지구 대기의 흐름에도 영향을 주었습니다. 적도의 따뜻한 공기가 산맥에 막혀 북쪽으로 올라갈 수 없었던 것이죠. 이 때문에 산맥 위쪽의 기온이 떨어지고 북쪽에는 빙하들이 생겨서, 전 지구적으로 차고 건조한 기후가 되었습니다.

이런 기후는 아프리카의 숲에도 영향을 끼쳤습니다. 산맥이 생기기 전 습하고 따뜻한 기후에서 울창했던 숲들이 사라지기 시작한 것입니다. 나무들은 줄어들고, 그 자리를 초원이 대신했습니다. 그리고 이런 숲의 변화는 나무에서 살고 있던 한 부류의 동물에게 새로운 선택을 안겨 주었습니다. 나무에서 내려와 허리를 똑바로 세운 채 두 발로 성큼성큼 걷는 생명체가 생겨난 것입니다. 다름 아닌 인간입니다.

두 발로 선 인간

허리를 똑바로 펴는 직립 자세와 두 발 보행은 초원에서 살아가는 데 도움이 됩니다. 우선 허리를 곧추세우게 되니, 나무가 드문 초원에서 더 멀리까지 볼 수 있습니다. 거기에 두 발 보행은, 네 발로 걷는 것보다 에너지가 덜 듭니다. 그 덕분에 더 멀리 갈 수 있지요. 무엇보다 두 손, 자유로워진 두 손은 두 발 보행이 준 가장 큰 이점입니다. 두 발 보행은 항상적으로 자유로운 두 손을 보장해 주었습니다. 이로 인해 인간은 수많은 도구들을 만들 수 있었고, 그런 손의 사용은 뇌의 발달을 이끌었습니다.

하지만 직립과 두 발 보행은 이런 장점만큼이나 큰 문제들을 야기했습니다. 우선 똑바로 선 척추는 중력을 분산시킬 수 없습니다. 네 발로 움직일 때 누워 있는 척추는 중력을 골고루 받을 수 있지만, 직립할 때 척추는 한 곳에서 모든 중력을 견뎌야 합니다. 이로 인해 인간은 허리 통증이나 디스크 같은 척추 관련 질환들과 떼려야 뗄 수 없는 몸을 갖게 됩니다.

두 발 보행 역시 문제를 유발했습니다. 네 발로 걸을 때의 골반을 가지고는 두 발 보행을 할 수 없었던 겁니다. 네 발 보행은 위아래로 길쭉한 골반을 가지고 있습니다. 그래서 이런 골반을 가지고 두 발로 걸으면 뒤뚱거리며 힘들게 걸어야 합니다. 그렇기에 허리를 펴고 두 발로 제대로 걷기 위해서는 골반 또한 바뀌어야 합니다. 위아래가 짧고 평평한 골반이 되어야 하는 것이죠.

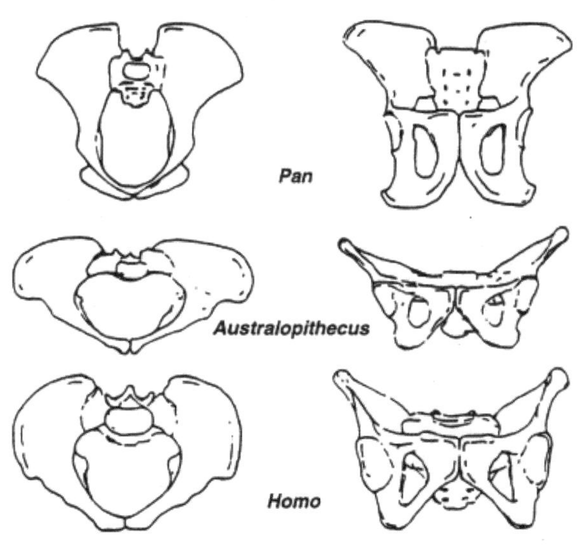

맨 위에서부터 침팬지, 오스트랄로피테쿠스, 현대 인간 여성의 골반. 침팬지 시절 위아래로 길었던 골반은 직립 보행으로 짧아집니다. 그 결과 오늘날의 인간은 가운데 부분이 널찍한 골반 형태를 갖게 되었습니다.(출처: Karen Rosenberg, Wenda Trevathan의 논문 〈Birth, obstetrics and human evolution〉)

이런 골반의 변화는 여성에게는 심각한 문제를 일으켰습니다. 인간의 태아는 몸에 비해 비교적 큰 머리를 가지고 태어납니다. 좁은 산도와 큰 머리, 그것은 다른 포유류들에 비해 힘든 출산을 해야 한다는 것을 의미합니다. 인간과 가까운 침팬지만 해도 직립을 하지 않기에 골반이 좁아지지 않았습니다. 그래서 침팬지 새끼는 곧바로 산도를 통과해 비교적 수월하게 세상에 나옵니다. 하지만 인간의 태아는 좁은 길을 빠져나오기 위해 180도 몸을 뒤틀어야 한답니다. 한마디로 엄마도 아기도 안간힘을 써야 합니다. 이로 인해 엄마와 아기 모두에게 출산은 큰 위험 부담을 가진 사건이 되었습니다.

허리와 척추, 그리고 골반 쪽의 통증들, 또 크나큰 위험을 감수하며 이루어지는 고통스러운 출산. 이는 우리 몸이 서로서로 얽혀 있음을 말해 줍니다. 얽힌 몸에서는 하나가 변하면 이에 맞춰 또 다른 변화가 일어납니다. 그래서 몸의 한 부분에서 일어난 좋은 변화가, 다른 부분에서는 큰 부담을 주는 변화로 이어지기도 합니다.

전체계로서의 생명

생물학자인 프란시스코 바렐라는 인간을 비롯한 생명체가 가진 이런 특징을 '전체계'라는 말로 설명합니다. 모든 생명체의 몸은 단순히 부분들이 모여 이루어진 '집합체'가 아니라, 서로서로가 얽혀 있는 하나의 '전체계'라는 겁니다. 그렇기에 하나의 변화는 다른 쪽의 변화와 이어질 수밖에 없습니다. 이 때문에 우리는 우리가 원하는 한 부분만의 변화를 똑 떼어 내 가질 수 없습니다. 직립 보행이라는 놀라운 능력을 갖고자 하면 척추와 출산의 고통을 함께 받아 안아야 하는 것처럼 말이죠.

이런 전체계로서 생명에게 완전한 몸이란 불가능합니다. 한쪽을 막으면 다른 쪽이 틀어져 버린다고나 할까요. 하지만 이런 틀어짐이 없었다면 어떠했을까요? 똑바로 서서 두 발로 걷게 되었는데 골반이 좁아지지 않았다면 우리는 뒤뚱거리며 어색하고 힘들게 걸어야 했을 겁니다.

생명이란 얽힌 몸을 가진 전체계입니다. 한 생명체는 하나의 세계이고, 그 세계에서 나에게 유리한 한 부분만을 똑 떼어 내 가질 수 있는 경우는 드뭅니다. 하나의 기쁨은 예기치 못한 아픔을 낳기도 하고, 반대로 아픔이 기쁨을 낳기도 합니다. 그렇기에 아픔이란 피할 수 없는 것입니다. 이런 생명에게 주어진 선택지는 하나인 듯합니다. 그것은 '어떤' 아픔을 겪을 것인가의 문제입니다. 그렇게 아픔과 얽힌 기쁨, 기쁨과 얽힌 아픔 속에서 살아갈 수밖에 없는 것, 이것이 전체계로서의 생명입니다.

우리는 시간 여행자

누구나 한 번쯤은 시간 여행을 꿈꿔 본 적이 있을 겁니다. 코찔찔이 어린 시절로, 또는 아직 세상 풍파에 찌들지 않은 학창 시절로 돌아가면 어떨까 하고요. 때로는 설렘과 두려움을 품고 먼 미래로 가 보는 상상을 하기도 합니다. 그래서인지 시간 여행은 영화에서도 단골로 등장하는 소재입니다. 특별 제작된 차를 타고 시간 여행을 하기도 하고, 전화나 편지로 과거나 미래에 사는 사람들과 교신을 하기도 합니다. 근래에는 웜홀이니 블랙홀 따위를 통해 시간을 거스르는 영화가 나오기도 했었죠.

시간 여행을 다루는 이런 영화들은 소재만으로도 우리의 흥미를 자극합니다. 현실에서는 불가능한 여행이 눈앞에서 펼쳐지기 때문일 겁니다. 상상으로밖에는 만날 수 없는 오래된 과거와 아직

오지 않은 미래를 탐사하는 짜릿함. 그 짜릿한 기분이 우리를 스크린 앞으로 끌어들입니다. 그리고 우리는 스크린을 넘어 그 설레는 시간 여행이 현실이 되는 날을 기다립니다. 하지만 현재로서는 안타깝게도 시간 여행에 대한 전망은 매우 불투명하답니다.

그렇다고 아쉬워할 건 없을 듯합니다. 굳이 타임머신 같은 기계가 나올 먼 미래를 기다릴 필요가 없으니까요. 사실 지금 현실 속 우리 모두는 이미 시간 여행자입니다. 21세기를 살아가는 구석기인, 이것이 우리의 모습이기 때문입니다.

빙하기와 당뇨병

2005년 2월, 영국 학술 전문지 『메디컬 하이포테시스』에 생각해 볼 만한 논문 한 편이 실렸습니다. 샤론 모알렘 연구팀의 이 논문은 '1형 당뇨'의 진화적 기원을 밝히고 있습니다. 1형 당뇨는 후천적으로 생기는 2형 당뇨과 달리 선천적인 유전인자로 인해 발생합니다. 그래서 흔히 소아당뇨로 불리기도 하는 이 병은 추운 북유럽에 집중되어 나타납니다. 연구팀은 이처럼 특정 질병이 특정 지역과 관련되는 데에는 그만한 이유가 있을 것이라고 생각했습니다. 그리고 그들이 내린 결론은 1형 당뇨가 질병이기에 앞서, 극도의 추위에 적응한 결과라는 겁니다.

11만 년 전, 인간은 마지막 빙하기를 겪었습니다. 그리고 그 빙하기가 끝나고 온화한 기후가 되자, 사람들은 새로운 지역으로 이동하기 시작했습니다. 특히 예전에는 얼음으로 뒤덮여 사람이 살 만한 곳이 아니었던 북유럽은 새로운 삶의 터전으로 변모하게 됩니다. 하지만 북유럽으로의 이주는 조금 일렀던 것 같습니다. 빙하기 이후 작은 빙하기가 찾아온 겁니다. 이 빙하기는 다른 때와는 달리 급작스레 들이닥쳤습니다. 영하 30도 이상 떨어지는 느닷없는 추위에 가장 큰 타격을 입은 사람들은 북유럽 사람들이었습니다. 거의 무방비 상태에서 극심한 추위를 맞이한 북유럽 사람들은 속수무책으로 죽어 나갔습니다. 하지만 그 와중에도 유난히 뛰어난 생존력을 보이는 사람들이 있었습니다. 바로 당뇨병이 있던 사람들입니다.

어떻게 당뇨병이 그런 추위에 견디는 힘이 된 걸까요? 당뇨병 환자의 피에는 과도한 당분이 있습니다. 이렇게 당분이 섞인 걸쭉한 피는 잘 얼지 않습니다. 추운 겨울에 자동차의 기름이 얼지 않도록 부동액을 넣는데, 당분이 이 부동액의 역할을 해 주는 겁니다. 지금 우리도 겨울이 되면 피 속의 당분 농도가 높아집니다. 평상시에 당뇨병을 앓지 않더라도 말이죠. 이것은 우리 몸이 겨울을 나기 위해 자연적인 부동액을 만드는 현상이라 할 수 있습니다.

당뇨병은 분명 여러 합병증을 일으켜 생명에 위협을 주는 질병이지만, 작은 빙하기가 닥칠 무렵 당뇨병의 위험은 지금과 같지 않았습니다. 우선 먹을거리가 충분치 않았기에 당분 섭취량이 얼마 되지 않았을 겁니다. 그리고 '갈색지방'이라는 특수한 지방세포가 당뇨병으로 인해 부족한 열량을 보충해 주었습니다. 갈색지방은 지금 우리 몸에도 들어 있지만, 이 지방은 오로지 극한의 추위에서만 작동합니다. 따라서 작은 빙하기 때 당뇨병을 가진 사람들에게 갈색지방은 당분을 대신할 새로운 에너지원이었습니다.

목전에 닥친 치명적인 추위가 당뇨병보다 더 심각한 위험이었던 시절, 과도한 당분은 생존에 유리하게 작용했습니다. 당뇨병으로 인한 그 자연 부동액이 추위에 맞설 수 있게 했던 겁니다. 그 결과 당뇨병을 가진 사람들이 더 많이 살아남을 수 있었습니다. 그리고 그 자손들이 이어져 지금의 북유럽 민족을 이뤘습니다. 당뇨병 덕분에 살아남았던 조상들, 그 조상들의 후손이기에 유독 많은 북유럽 사람들이 당뇨병 유전인자를 가지고 태어난 것이지요.

이제 생존을 위협할 정도의 극심한 추위는 물러갔습니다. 하지만 북유럽 사람들은 여전히 조상의 몸을 가지고 살아갑니다. 이 시간과 몸의 간극 속에서 당뇨는 더 이상 생존의 무기가 아닙니다. 그것은 그저 하나의 병일 뿐입니다. 이렇게 해서 우리는 수많은 북유럽 아이들이 소아당뇨를 앓아야 하는 안타까운 현실과 마주하게 된 것입니다.

시간 여행자의 아픔

작은 빙하기 후 1만 2천 년의 시간을 지나 21세기를 사는 몸. 샤론 모알렘 팀은 1형 당뇨의 기원을 여기서 찾고 있습니다. 그런데 이런 시간과 몸의 어긋남은 비단 북유럽 사람들에 국한된 문제가 아닙니다. 우리 모두가 과거의 몸으로 현재를 살아가고 있는 것이죠. 물론 그 과거는 북유럽 사람들이 겪었던 그 작은 빙하기보다도 더 거슬러 올라갑니다.

지구 상에 인류가 출현하고 지금에 이르기까지 99.8%의 시간이 구석기 시대였습니다. 인류가 정착하여 농사를 짓고 문명을 이룬 것은 겨우 0.2%의 시간을 통해서였죠. 이처럼 인류 문명은 짧디 짧은 시간에 급변했지만, 우리 몸이 실제로 살아온 시간은 99.8%를 차지하는 그 시간입니다. 요컨대, 우리 몸은 여전히 수렵채집을 하던 구석기인입니다.

우리는 구석기의 몸을 가진 채 첨단의 현대 문명을 살아가고 있습니다. 그러니 의도치 않게 우리 모두는 지금 시간 여행을 하고 있는 셈이죠. 현대 문명에 떨어진 이 구석기인에게 삶은 녹녹치 않습니다. 예전에는 상상할 수 없던 많은 아픔들이 닥친 것입니다. 예를 들어 고혈압이라는 질병이 그렇습니다. 고혈압을 일으키는 유전인자는 수렵채집을 하던 구석기인들의 몸에도 있었습니

지구 상에 인류가 출현하고
지금에 이르기까지 99.8%의 시간이
구석기 시대였습니다. 인류가 정착하여
농사를 짓고 문명을 이룬 것은
겨우 0.2%의 시간을 통해서였죠.
요컨대, 우리 몸은 여전히
수렵채집을 하던 구석기인입니다.

다. 하지만 과거에는 그 유전인자에 고혈압이라는 꼬리표를 붙일 아무런 이유가 없었습니다. 고혈압의 주범인 소금이 그다지 풍부하지 않았기 때문입니다. 하지만 문명의 발달로 소금이 대량 생산되자 상황이 돌변했습니다. 쉽게 소금을 먹을 수 있는 환경은 소금을 과다 섭취하게 만들었고, 이로 인해 그 유전인자는 고혈압의 원인으로 주목받게 되었습니다.

질병은 아니지만 오늘날 흔히 볼 수 있는 안경 낀 모습 역시 시간의 어긋남을 보여 줍니다. 근시는 유전적 요인이 강하게 작용합니다. 하지만 같은 유전적 요인이 과거에는 근시를 유발하지 않았습니다. 어릴 때부터 학교 교육을 받으며 오랜 시간, 그것도 가까이서 책을 볼 일도 없고, 또 인공 조명도 없던 시절에는 그런 유전인자가 발현될 기회가 거의 없었습니다. 지금 같은 환경으로 바뀌고서야 근시로 나타나게 된 것입니다.

이처럼 여러 질병이나 신체적 불편함은 우리 몸과 시간의 간극에서 비롯됩니다. 한마디로, 이는 시간 여행자의 운명입니다. 우리는 이 운명을 피할 수 없습니다. 아니, 피할 수 없기에 운명입니다. 시간에 맞춰 몸을 억지로 변화시킬 수도 없고, 그렇다고 시간을 되돌려 과거로 갈 수도 없는 노릇이니까요. 그러니 우리에게는 이 운명을 살아 나갈 지혜가 필요합니다. 빠르게 밀어닥치는 문명의 속도에 휩쓸리지 않고 구석기인의 신체로 살아가는 그런 지혜 말이죠.

다른 환경, 다른 질병

1978년 소말리아 난민 캠프에 고민에 빠진 한 의사가 있었습니다. 그의 이름은 '존 머레이', 미국 미네소타 의과대학 교수였습니다. 그는 소말리아와 이디오피아 간의 전쟁으로 힘든 생활을 하던 소말리아 유목민들을 돕기 위해 이 캠프에 왔습니다. 그런데 이 캠프에서 소말리아 유목민들을 만난 머레이 교수는 뭔가 이상한 점을 발견하게 됩니다.

소말리아의 많은 유목민들은 철분 부족 상태였습니다. 간단히 말해, 빈혈에 걸려 있었던 겁니다. 이건 그다지 이상할 게 없는 현상이었습니다. 소말리아 유목민들의 주식은 염소나 낙타의 젖이었습니다. 이런 우유에는 철분이 부족하기에, 소말리아 유목민들의 철분 섭취량은 부족할 수밖에 없었습니다. 그렇기에 그들이 빈혈에 걸리는 것은 당연한 일이었습니다.

머레이 교수의 의문은 다른 곳에 있었습니다. 소말리아 유목민들은 이렇게 좋지 않은 건강 상태에도 불구하고, 말라리아와 같은 치명적인 감염성 질병에는 잘 걸리지 않는다는 것이었습니다. 그가 만난 90명의 유목민들 중 빈혈인 사람은 26명이었는데, 그들 중 누구도 감염성 질병에 걸려 있지 않았습니다. 반면 정상적인 철분 수치를 보인 64명의 유목민들 중에는 19명이 감염성 질병과 관련된 증상을 보였습니다.

이상한 일입니다. 왜 빈혈에 걸린 허약한 유목민이 아니라, 정상적인 건강 상태를 가진 유목민이 감염성 질병에 더 잘 걸리는 걸까요? 머레이 교수는 이 미스터리를 풀기 위해 본격적으로 연구에 돌입합니다.

세균들을 깨운 철분

머레이 교수는 일단 감염성 질병에 걸리지 않은, 하지만 빈혈 상태에 있는 137명의 유목민을 뽑았습니다. 그리고 그들을 두 그룹으로 나눠서, 한 그룹에는 진짜 철분제를, 다른 그룹에는 가짜 철분제를 나눠 주었습니다. 이렇게 그들은 30일 동안 약을 먹게 되었습니다. 식사의 경우에는, 양쪽 그룹 모두에게 철분이 많이 함유된 음식이 제공되었습니다. 그렇게 30일이 지나고 드디어 결과가 나왔습니다.

가짜 약을 먹은 유목민들은 당연히 철분 수치에 별 변화가 없었습니다. 바뀐 식사 때문인지 철분 수치가 아주 조금 올라가기는 했지만, 정상적인 수치에는 한참 모자랐습니다. 반면, 진짜 철분제를 먹은 유목민들은 정상적인 철분 수치를 회복했습니다. 한편 감염성 질병의 경우에는, 가짜 약을 먹은 유목민들 중 10%만이 증상이 나타났습니다. 하지만 정상적인 철분 수치를 회복한 사람들은 50%의 발병률을 보였습니다. 두 명에 한 명꼴로 감염성 질병에 걸린 겁니다. 특히 말라리아의 경우, 진짜 약을 먹은 사람들 중에는 13명이 말라리아에 걸렸으나, 가짜 약을 먹은 그룹 중에는 단 1명만이 증상을 나타냈습니다.

결론은 명확했습니다. 철분량과 감염성 질병에 걸릴 확률은 비례하고 있었습니다. 그러니까 철분이 많을수록 감염성 질병에 잘 걸리는 겁니다.

이는 철분이 가진 특성 때문에 일어나는 현상입니다. 철분은 생명체에게 필수적인 요소입니다. 피를 만드는 주요 성분이며, 산소를 몸 구석구석에 운반해 줍니다. 또 몸에 필요한 효소를 만들고, 면역체계가 작동하는 데도 필요합니다.

그런데 이런 철분이 인간에게만 유용한 게 아니라는 데 문제가

이상한 일입니다. 왜 빈혈에 걸린 허약한 유목민이 아니라,
정상적인 건강 상태를 가진 유목민이 감염성 질병에 더 잘 걸리는 걸까요?
머레이 교수는 이 미스터리를 풀기 위해 본격적으로 연구에 돌입합니다.

있습니다. 우리 몸에 침입한 병균들도 철분을 몹시 좋아합니다. 병균들이 온몸을 돌아다니며 증식하는 데 철분이 사용되는 것입니다. 그렇기에 철분이 과다하면, 오히려 병균들이 활발하게 활동하여 치명적인 결과를 가져올 수 있습니다.

하지만 머레이 교수는 이런 철분 과잉만으로는 소말리아 유목민들에게 벌어진 일을 설명할 수 없다고 생각했습니다. 왜냐하면 철분제를 먹은 유목민들은 철분 과잉 상태가 아니었기 때문입니다. 그들의 철분량은 그저 '정상치'에 이르렀을 뿐입니다. 더욱이 그들은 이 연구에 참여할 당시 감염성 세균이 침입할 만한 상태에 있지도 않았습니다. 모기도 없었고, 1년 동안 명시적인 말라리아 공격도 없었으며, 그런 세균에 감염될 만한 동물과 접촉하거나, 우유 제품을 먹지도 않았던 겁니다. 그렇다면 이 질병은 어디서 온 것일까요? 겨우 정상적일 뿐인 철분량이 어떻게 발병률을 높였던 걸까요?

머레이 교수는 이 질문의 답을 철분제를 먹은 사람들이 '소말리아 유목민'이라는 사실에서 찾습니다. 아프리카에 자리한 소말리아는 말라리아와 같은 감염성 질병을 일으키는 세균들이 많은 지역입니다. 소말리아 유목민들은 오랜 시간 이런 세균들에 노출되어 살아야 했습니다. 그들의 몸은 이런 환경에 적응해 나름의 방어기제를 마련했습니다. 그것이 빈혈입니다.

빈혈로 철분이 부족한 몸은 감염성 세균들에게는 그다지 살기 좋은 환경이 아닙니다. 세균들은 유목민들의 몸에 들어와도 부족한 철분 때문에 제대로 활동할 수 없었습니다. 그래서 조용히 침묵한 채 살아갈 수밖에 없었습니다. 이런 세균들을 깨운 것이 철분 보충제였던 겁니다.

머레이 교수가 살던 미국과 같은 나라였다면 성상치일 뿐인 철분이 별 문제가 되지 않았을 겁니다. 하지만 그가 철분제를 준 사람들은 소말리아 유목민들이었습니다. 그것은 지극히 정상적인 수치의 철분량이었지만, 유목민들의 몸속에 살고 있던 세균들에게는 그렇지 않았습니다. 세균들에게 그건 가뭄에 내린 단비 같은 것이었고, 그렇게 잠자고 있던 세균들이 깨어난 것입니다.

결국 머레이 교수가 선의로 행했던 치료가 화근이었습니다. 소말리아 유목민들에게 철분약은 치료제가 아니었습니다. 머레이 교수가 생각한 정상적인 철분 수치란 소말리아 유목민들에게는 들어맞지 않았습니다. 그런 '정상'이란 머레이 교수와 같은 환경에 살아온 사람들에게만 해당되는 것이었습니다. 소말리아 유목민들에게 정상이란 오히려 부족한 철분량이었습니다. 서구 문화권이나 다른 지역에서는 그저 병일 뿐인 빈혈이, 오랜 시간 감염성 세균과 살아온 소말리아 유목민들에게는 건강이었던 겁니다.

절대적 질병은 없다

우리는 모두 환경에 적응하며 지금에 이르렀습니다. 문제는, 적응해야 했던 그 환경이 서로 다를 수 있다는 겁니다. 머레이 교수 같은 사람들의 환경과 소말리아 유목민들의 환경이 서로 달랐듯이요. 그렇기에 한쪽에서는 질병으로 인식되는 것이 다른 쪽에는 건강일 수 있습니다. 말하자면, 질병이란 그들이 살아온 환경에 따라 달라지는 것입니다.

'성인 젖당분해효소 저하증'이라는 대사 질환도 마찬가지랍니다. 우유에 많이 들어 있는 젖당은 이를 분해하기 위한 특별한 효소를 필요로 합니다. 신생아들은 모두 이 젖당분해효소를 가지고 있습니다. 그런데 이유기가 지나서 더 이상 우유를 주식으로 삼지 않게 되면, 이 효소가 사라져 버리는 사람들이 있습니다. 우리와 같은 아시아계 사람들이 여기에 속합니다. 이처럼 성인이 되어 젖당분해효소가 사라지는 바람에 우유를 잘 소화시키지 못해 고생하는 경우를 성인 젖당분해효소 저하증이라고 합니다.

그런데 사실 먼 과거에는 대부분의 사람들이 젖당분해효소를 가지지 못했답니다. 그러던 것이 목축으로 동물의 젖을 주식 삼아 살아가는 사람들이 생기면서 달라졌습니다. 그들에게는 이유기가 지나서도 젖당분해효소가 나오는 것이 살아가는 데 유리했습니다. 그래서 그런 효소를 만드는 돌연변이 유전자를 가진 사람들이 점점 더 늘어나게 되었습니다. 그 결과 젖당을 분해하는 것이 자연스러운 것처럼 여겨지기에 이르렀지만, 그 자연스러움은 단지 목축이라는 환경에 적응한 사람들에게만 해당되는 이야기입니다.

목축이 주업이 아닌 아시아계 사람들에게 그런 적응은 필요 없었습니다. 그래서 젖당분해효소가 생기지 않는 게 자연스러운 것입니다. 인간이 반드시 우유를 먹고 살아야만 하는 것도 아닌 이상, 이를 굳이 질환으로 봐야 하는지 의심스러운 것이죠.

환경이 달라지면 질병도 달라집니다. 그렇기에 어떤 상태를 질병이라고 절대적으로 이야기할 수 없습니다. 성인 젖당분해효소 저하증이 목축의 역사를 가진 사람들에게는 질병이지만, 그렇지 않은 사람들에게는 자연스러운 현상인 것처럼요. 바로 이것이 소말리아 난민 캠프에 있던 존 머레이 교수가 알게 된 사실입니다. 철분의 정상치란 없다는 것, 그에게는 정상이 소말리아 유목민에게는 비정상이었다는 것. 머레이 교수는 이런 연구 결과를 『영국 의학 저널』에 발표하며, 다음과 같은 말로 끝맺습니다.

우리는 소말리아 유목민들의 철분 부족이 생태적인 절충이라고 생각합니다. 철분이 부족한 동물의 젖, 때로는 그런 우유마저도 공급이 부족한 상황에서, 이를 주요 에너지원으로 삼는 유목민들은 철분 부족을 겪습니다. 말라리아와 결핵, 그리고 브루셀라 같은 질병에 지속적으로 노출된 유목민들에게, 몸을 허약하게 만들기는 하지만 그렇다고 치명적인 정도는 아닌 그런 철분 결핍은, 그보다 더 심한 결과를 가져올 수 있는 치명적인 질병들을 억제합니다. 유목민들은 철분 부족 상태가 되는 비용을 지불함으로써 그들의 자그마한 포식자들과 공생할 수 있는 균형점을 찾은 것입니다. 우리는 하나의 경고 메시지로 이 글을 끝맺고 싶습니다. 진행이 멈춘 질병과 마주해서 철분 부족을 바로잡으려 하는 것은 현명한 방법이 아닐 수 있습니다. 특히나 자연적인 생태적 균형을 혹독한 감염성 질병에 대한 제1의 방어선으로 가진 외떨어진 사회에서는 말입니다.

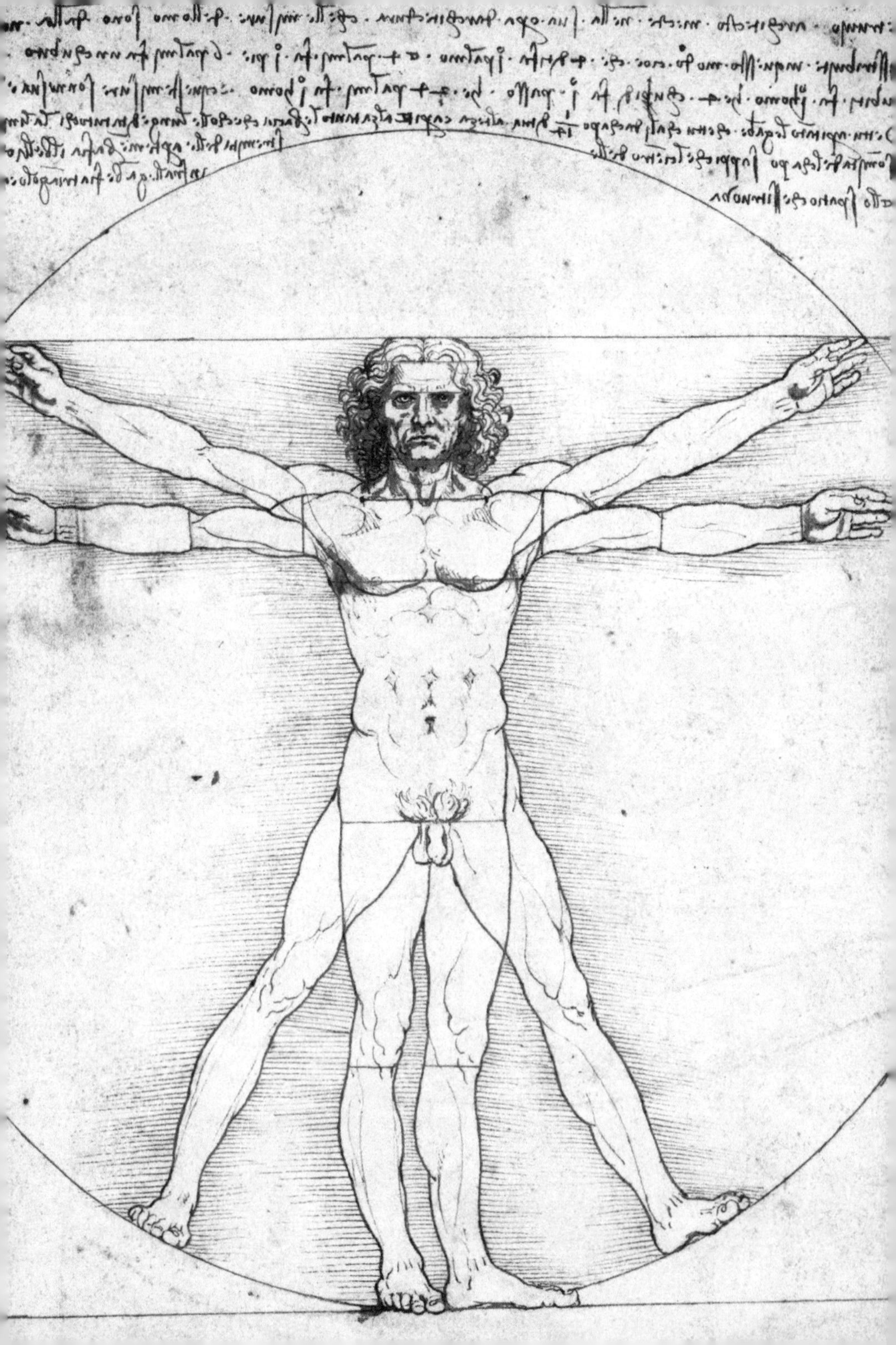

세균, 보이지 않는 적의 출현

미생물과 문명

증상의 두 얼굴

미생물은 미생물일 뿐이다

세균,
보이지 않는
적의 출현

1674년, 네덜란드의 안톤 반 레이우엔훅은 현미경을 들여다보고 있었습니다. 몇 년 전 영국 여행에서 만난 『마이크로그라피아』라는 책 때문이었습니다. 영국의 과학자 로버트 훅이 쓴 이 책에는 벼룩이나 개미, 곤충의 날개, 나뭇잎 등을 현미경으로 관찰한 그림들이 들어 있었습니다. 레이우엔훅은 그 그림 속 미시 세계에 매혹되었습니다. 그리고 자신의 눈으로 직접 그 세계들을 보리라 마음먹었습니다.

여행에서 돌아온 레이우엔훅은 혼자 힘으로 현미경을 만들었습니다. 그것도 이제껏 존재했던 그 어떤 현미경보다 성능이 뛰어난 현미경을 말이죠. 제대로 된 정규 교육을 받은 적이 없는 레이우엔훅이었지만, 미시 세계에 대한 그의 열망이 이를 가능케 했던 겁니다. 그렇게 그는 자신의 현미경 속, 그 작은 세계로의 여행을 시작했습니다. 그리고 1674년, 마침내 레이우엔훅은 그 누구도 가 본 적 없던 미지의 세계에 첫발을 내딛게 됩니다.

레이우엔훅의 현미경 아래 놓여 있던 것은 호수 물이었습니다. 그 물속에는 초록빛 나선형의 작은 생명체들이 움직이고 있었습니다. 그것뿐만이 아니었습니다. 머리 근처에는 두 개의 작은 다리가, 몸 뒤쪽에는 두 개의 작은 지느러미가 달린 또 다른 생명체들도 있었습니다. 그것들은 『마이크로그라피아』에는 없던 것들이었습니다. 레이우엔훅은 그 생명체들에게 아주 작은 동물이라는 뜻의 '애니멀큘'이라는 이름을 붙여 줍니다. 이것이 바로 인간과 미생물의 첫 만남이었습니다.

하지만 1674년 레이우엔훅이 발견한 이 생명체들은 미생물계에서는 아주 커다란 놈들이었습니다. 오늘날 박테리아라고 불리는 작디작은 생명체들과의 만남이 이루어진 것은 1683년의 일이었습니다. 레이우엔훅은 더 강력해진 현미경으로 자신의 침과 치태를 관찰하고, 그 안에 들어 있던 박테리아를 발견했던 겁니다.

레이우엔훅은 자신이 발견한 그 박테리아들을 경이로운 마음으로 바라보았습니다. 서로 다른 모습을 하고 각기 다른 방식으로 운동을 하고 있는 작디작은 생명체들. 눈에 보이지 않는 세계에는 무수히 많은 생명체들이 살고 있었습니다. 레이우엔훅은 "내 입

레이우엔훅은 “내 입 속만 해도 네덜란드 인구보다 더 많은 박테리아들이 살고 있다.”고 말하곤 했습니다. 아무것도 없어 보이는 곳, 그곳이 실은 우리가 사는 세상보다 더 북적거리고 있었던 것이지요.

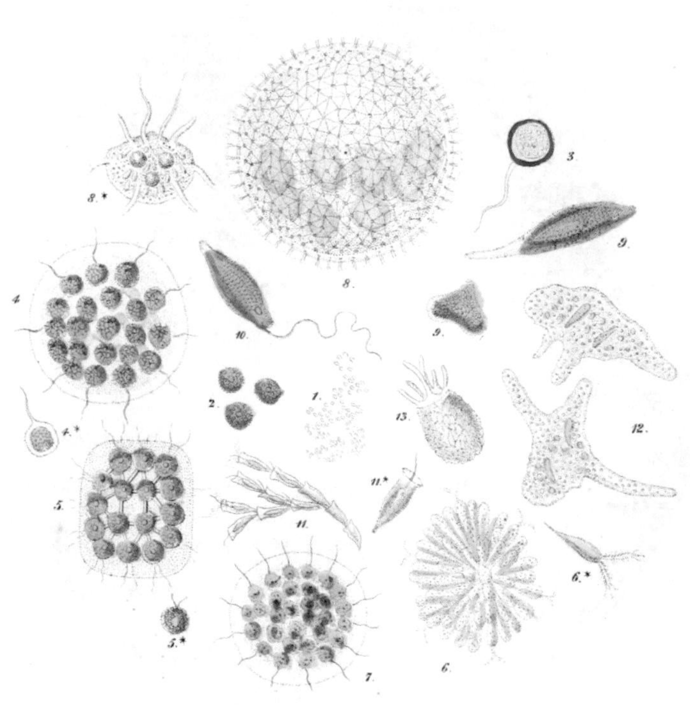

속만 해도 네덜란드 인구보다 더 많은 박테리아들이 살고 있다." 고 말하곤 했습니다. 아무것도 없어 보이는 곳, 그곳이 실은 우리가 사는 세상보다 더 북적거리고 있었던 것이지요.

이렇게 레이우엔훅은 우리에게 미생물이라는 새로운 세계를 열어 주었습니다. 하지만 그는 그 세계에서 무슨 일이 벌어지는지에 대해서는 잘 알지 못했습니다. 단지 미생물들의 작은 몸집으로 보아, 인간에게 별다른 해가 되지는 않을 거라고 생각하는 정도였습니다. 육안으로 확인할 수도 없는 작은 생물들이 인간을 괴롭힐 수 있을 거라곤 상상조차 할 수 없었던 겁니다. 그 작디작은 놈들이 그저 앙증맞고 귀엽기만 한 것이 아니라는 사실을 아는 데에는 그 후로도 200년의 시간이 필요했습니다.

병든 술

1854년, 프랑스 북부 릴 대학에 새로운 화학 교수 한 명이 부임합니다. 그의 이름은 루이 파스퇴르, 훗날 '미생물학의 아버지'라 불릴 사람이었습니다. 하지만 당시에는 파스퇴르에게 그런 칭호가 붙여질 것이라고는 누구도 예상치 못했습니다. 그는 생명이 없는 물질을 연구하는, 서른두 살의 젊은 화학자였을 뿐이었죠.

파스퇴르가 생명의 세계에 발을 들여놓게 된 것은 우연한 만남에서였습니다. 릴에 부임한 지 얼마 되지 않아, 비고라는 양조상이 파스퇴르를 찾아왔습니다. 비고는 사탕무를 발효해 술을 만드는 일을 하고 있었습니다. 그런데 어떤 이유에서인지, 술이 곧잘 쉬어 버리곤 했습니다. 이렇게 술이 변질되는 일은 비단 비고만의 문제가 아니었습니다. 릴 지역에는 포도주를 만드는 양조상들도 많이 있었는데, 이들 역시 비고와 똑같은 문제로 골머리를 앓고 있었습니다. 비고는 이 골치 아픈 문제를 해결할 방법을 찾기 위해 파스퇴르를 방문한 것이었습니다.

사실 파스퇴르는 발효에 대해서는 별로 아는 것이 없었습니다. 하지만 지역 주민들의 고민을 외면할 수는 없었습니다. 파스퇴르는 비고의 의뢰를 받아들이고, 발효에 대한 연구를 시작했습니다. 파스퇴르는 우선 양조장에서 발효 중인 술을 가져와 현미경으로 관찰했습니다. 거기서 그는 효모 소구체들을 발견하게 됩니다. 이런 효모 소구체의 발견은 그다지 특별할 게 없는 일이었습니다. 당시 다른 과학자들 또한 발효 중인 액체에 효모 소구체가 있다는 사실을 잘 알고 있었습니다. 파스퇴르가 다른 과학자들과 갈라지게 되는 것은 이 발견 이후의 작업에서였습니다.

파스퇴르는 효모 소구체들의 정체가 무엇인지 정확히 알고 싶었습니다. 그래서 그가 쓴 방법은 효모 소구체가 들어 있는 액체에 빛을 통과시키는 것이었습니다. 이는 파스퇴르가 릴에 오기 전에 했던 연구와 관련이 있습니다. 과거 파스퇴르는 생명이 없는 물질과 생명체와 관련된 물질이 서로 다른 방식으로 빛을 통과시킨다는 사실을 발견했었습니다. 생명이 없는 물질에 빛을 쏘면, 원래 방향 그대로 빛이 통과했습니다. 반면 생명체와 관련된 물질은 빛의 방향이 바뀌어 나왔습니다. 이를 '광학 활성화'라고 하는데, 파스퇴르는 효모 소구체에 대해 광학 활성을 조사하려 했던 겁니다.

당시 과학자들은 효모 소구체를 좀 복잡한 화학 물질이라고 생각했습니다. 발효는 단지 화학적 합성 과정이며, 그 작고 동그란 것들은 이 과정에서 촉매 역할을 하는 하나의 물질이라는 것이었죠. 하지만 파스퇴르가 효모가 들어 있는 액체에 빛을 쏘자, 이 통념은 무너지게 됩니다. 빛이 그 방향을 바꾼 겁니다. 결과는 명확했습니다. 발효는 단순한 화학 작용을 넘어서, 살아 있는 생명체들의 활동이었던 것이죠. 발효를 일으키는 것은 이 작디작은 생명체인 효모였습니다.

파스퇴르의 이 발견은 미생물이 보이지 않는 세계에서 그저 꼼지락거리며 한가로이 쉬고 있는 것이 아님을 알려 주었습니다. 술을 비롯해 식초, 요거트, 치즈까지 모든 발효 과정에는 보이지 않는 미생물들의 활발한 활동이 자리하고 있었던 겁니다. 하지만 파스퇴르가 관심을 가진 것은 이런 유익한 미생물들이 아니었습니다. 그가 비고로부터 의뢰를 받은 일은 술이 상해 버리는, 즉 '병든' 술과 관련된 현상이기 때문입니다. 그렇기에 파스퇴르의 관심은 발효를 변질시키는 미생물들에 쏠릴 수밖에 없었습니다.

파스퇴르는 변질된 술에서도 미생물들을 발견했습니다. 하지만 그 미생물들은 정상적인 술에 있던 것과는 생긴 모습이 달랐습니다. 정상적인 술에는 동그랗게 생긴 미생물들이 있었습니다. 반면, 쉬어 버린 술에는 막대 모양의 미생물들이 있었죠. 술에는 이처럼 두 종류의 미생물이 들어 있었던 겁니다. 하나는 발효를 일으켜 술을 만들었지만, 다른 하나는 오히려 발효를 변질시키고 있었습니다. 시간이 지남에 따라 이 두 번째 미생물은 점점 많아졌고, 그럴수록 술의 변질 정도도 심해졌습니다.

파스퇴르는 막대 모양의 나쁜 미생물을 없애야 술이 쉬는 현상을 막을 수 있다고 생각했습니다. 하지만 이는 쉬운 일이 아니었습니다. 무작정 열을 가하면, 술의 맛과 향이 변해 버렸습니다. 더욱이 발효를 일으키는 미생물은 살려 둔 채, 나쁜 미생물만을 없애야 했습니다. 파스퇴르는 천천히 온도를 높여 가며 적당한 온도를 찾았습니다. 그리고 55도라는 비교적 낮은 온도를 찾아냅니다. 이 온도까지 술을 가열한 후 밀폐시키면 술이 거의 쉬지 않을 뿐만 아니라, 그 맛과 향도 보존되었습니다. 이것이 오늘날에도 사용되고 있는, 파스퇴르의 '저온 살균법'입니다.

이로써 파스퇴르는 비고가 낸 숙제를 해결하게 됩니다. 하지만 그의 연구는 여기서 끝나지 않았습니다. 그는 술을 쉬게 하는 미생물을 보며, 직관적으로 인간의 질병도 미생물과 관련되어 있을 거라 생각합니다. 술이 쉰다는 것은, 바꿔 말해 술이 병든다는 것을 의미했기 때문입니다. 미생물이 술을 병들게 할 수 있다면, 인간의 질병 역시 미생물에 의한 것일 수 있었습니다. 파스퇴르는 이제 본격적으로 질병과 미생물의 관계를 탐색해 들어갑니다. 하지만 그 전에 그가 넘어야 할 큰 산이 하나 있었습니다.

나쁜 공기에서 미생물로

미생물이 술을 병들게 하는 원인이 된다는 파스퇴르의 주장은 당시 사람들에게 매우 낯선 것이었습니다. 물론 쉬어 버린 술이나 부패한 음식, 또는 몸에 난 상처에서 생긴 고름 따위에 미생물들이 발견된다는 사실을 모르는 사람은 없었습니다. 하지만 미생물이 상한 술이나 음식, 또는 고름을 만든다고는 생각하지 않았습니다. 오히려 반대로 이런 현상들에 의해 미생물이 생겨난다고 여겼습니다. 미생물이 그 현상들의 원인이 아니라 결과라고 생각한 것이죠.

인간의 질병 문제에서도 마찬가지였습니다. 인류는 오래전부터 말라리아나 결핵, 또는 페스트 등의 감염성 질병에 의해 크나큰 고통을 겪어 왔습니다. 하지만 미생물이 발견된 이후에도, 이런 고통이 미생물에 의한 것이라고는 전혀 생각지 못했습니다. 미생물들은 인간을 죽음으로 몰고 가는 엄청난 일을 저지르기에는 너무나 작고 보잘것없어 보였으니까요.

19세기에 들어서까지 이런 질병의 원인으로 지목된 것은 미생물이 아닌, '나쁜 공기'였습니다. 오물이나 부패한 것들에서 뿜어져 나온 공기 그 자체가 감염성 질병을 일으킨다는 것이었습니다. 병에 걸린 사람으로부터 병이 전염되는 것 또한 공기 그 자체의 접촉 때문이라고 생각했습니다. 심지어 좋은 공기를 맡으면 병에 걸리지 않을 거라고 여겨서 코앞에 꽃다발을 들고 다니는 경우도 있었다고 합니다.

이런 통념을 깨기 위한 과학자들의 노력은 17세기부터 시작되었습니다. 그들은 신선한 음식이나 살균된 배양액을 두 개의 플라스크에 나눠 넣고, 한쪽은 입구를 열어 두고, 다른 한쪽은 밀봉을 했습니다. 그 결과 열린 플라스크에서는 구더기 같은 미생물들이 생겼지만, 밀봉을 한 쪽에서는 아무런 일도 일어나지 않았습니다. 그들은 이 결과로부터 미생물은 음식물 자체에서 생겨나는 것이 아니라 외부로부터 유입된다는 것, 그리고 미생물이 그런 부패의 원인이라는 것을 보여 주려 했습니다.

하지만 그들의 실험은 사람들을 설득하기에는 부족했습니다. 음식으로 실험을 한 경우에는, 그것이 아무리 신선하다 해도 살균되어 있다는 보장이 없었습니다. 그래서 사람들은 미생물이 외부에서 들어온 것이 아니라, 음식물 자체가 변한 결과라고 주장할 수 있었습니다. 살균된 배양액을 이용한 실험도 오랜 통념을 깰 수는 없었습니다. 밀봉을 했다는 것은 미생물만이 아니라 공기와의 접촉도 막는 것이었기 때문입니다. 그래서 사람들은 나쁜 공기가 원인이라는 생각을 바꾸지 않았지요.

이처럼 우리에게는 기존의 생각을 고수하려는 경향이 있습니다. 파스퇴르는 이 굳어진 생각을 넘어서야 했습니다. 그러기 위해서는 강력한 실험이 필요했습니다. 그는 정교하게 실험을 설계합니다. 우선 플라스크에 발효가 가능한 액체, 즉 멸균되지 않은 액체를 넣습니다. 그리고 플라스크 목에 열을 가해 그 목을 S자로 가늘게 늘입니다. 파스퇴르는 S자의 구부러진 긴 목이 백조의 목을 닮았다고 해서, 이 플라스크에 '백조 목'이라는 이름을 붙여 줍니다. 그리고 바로 이 가느다란 백조 목에 의해 오랜 통념은 무너지게 됩니다.

백조 목 플라스크를 만든 파스퇴르는 열을 가해 플라스크 안의 액체를 멸균시킵니다. 이때 액체가 끓으면서 증기와 함께 공기가 빠져 나갑니다. 그리고 나서 불을 끄게 되면, 플라스크 안으로 공

우리에게는 기존의 생각을 고수하려는 경향이 있습니다. 파스퇴르는 이 굳어진 생각을 넘어서야 했습니다. 그러기 위해서는 강력한 실험이 필요했습니다. 그는 정교하게 실험을 설계합니다.

기가 다시 유입됩니다. 그런데 이때 열이 식으면서 습기가 생기게 되고, 이 습기가 구부러진 부분에 모입니다. 그래서 다시 들어오는 공기는 이 응축된 액체가 모인 구부러진 지점을 통과하게 되고, 여기서 공기에 들어 있던 먼지나 입자가 걸러지게 됩니다. 이로써 공기가 다시 들어와도 플라스크 안은 멸균 상태를 유지할 수 있습니다.

밀봉되지 않았으나 멸균된 백조 목 플라스크. 그 안의 용액은 오랜 시간이 지나도 그대로였습니다. 그러나 파스퇴르가 플라스크를 기울여 살균된 용액을 구부러진 목에 닿게 하자 이 평화는 깨졌습니다. 얼마 지나지 않아 용액에서 발효가 일어나기 시작한 겁니다. 아무런 일도 없다가 걸러진 부분과 접촉하자 일어나는 발효 작용. 구부러진 목에 모여 있던 먼지와 입자가 아니면 이를 설명할 방법이 없었습니다.

사람들은 음식의 부패나 질병의 원인이 나쁜 공기라는 믿음을 더 이상 유지할 수 없었습니다. 백조 목 플라스크 안에서 벌어진 일은 공기가 아닌, 그 안에 들어 있던 무언가와 접촉에 의한 것이었습니다. 공기 안의 그 무엇은 파스퇴르의 또 다른 실험에 의해 미생물임이 밝혀집니다. 이로써 나쁜 공기를 질병의 원인으로 여기는 통념은 완전히 무너집니다. 그리고 이제 미생물이 질병의 무대에 주인공으로 확고히 자리 잡게 됩니다.

세균, 질병의 주범

파스퇴르가 실제 인간 질병 연구에서 결실을 맺은 것은 1877년입니다. 당시 유럽에는 탄저병이 유행하고 있었습니다. 탄저병은 주로 풀을 먹는 양이나 소 같은 동물에서 발생하는 병으로, 이 병에 걸리면 피부나 내장이 검게 괴사하여 몇 시간 안에 죽음에 이르게 됩니다. 이 무서운 병을 일으키는 탄저균이 1877년에 발견된 것입니다.

그런데 우연의 일치일까요, 아니면 탄저병이 유럽 전역에 유행했기 때문일까요. 여하튼 탄저균을 발견한 것은 파스퇴르만이 아니었습니다. 독일 베를린 근처 시골, 자신이 만든 작은 실험실에서 탄저균을 발견한 또 다른 인물이 있었습니다. 그는 '로베르트 코흐'라는 의사였습니다. 그 역시 파스퇴르만큼 뛰어난 관찰·실험 능력을 가지고 있었고, 이를 바탕으로 탄저균을 발견합니다. 그리고 계속되는 연구를 통해 코흐는 결핵과 콜레라를 일으키는 균들 또한 찾아내게 됩니다.

파스퇴르와 코흐의 이 우연한 공동 작업은 특정 질병에는 특정 미생물이 관여한다는 사실을 확고히 했습니다. 바야흐로 질병의 주범이 미생물로 지목되는 '병원체설'이 등장한 것입니다. 이후 보이지 않는 세계에서 질병의 주범들을 색출하는 작업이 대대적으로 이루어집니다. 식중독을 일으키는 균에서부터, 임질균, 장티푸스균, 그리고 페스트균까지 19세기 많은 균들이 병원체로 검거됩니다. 그리고 19세기 말 또 하나의 병원체인 '바이러스'가 발견됩니다.

바이러스는 엄격히 말해 생명체가 아닙니다. 스스로 번식할 수 있는 능력이 없기 때문입니다. 바이러스는 숙주가 되는 생명체에 기생해서만 생식할 수 있습니다. 이런 바이러스를 처음으로 보고한 것은 파스퇴르였습니다. 그는 광견병이 미생물들과는 다른 바이러스에 의한 것이라고 생각했습니다. 그러나 이 바이러스의 존재가 확실해진 것은 1892년 러시아의 생물학자 드미트리 이바노프스키에 의해서였습니다. 그는 담뱃잎을 병들게 하는 담배 모자이크 바이러스를 찾아냈습니다. 이 연구를 필두로 20세기에는 소아마비나 홍역, 또는 볼거리로 불리는 이하선염을 일으키는 바이러스 등이 속속 발견됩니다.

이렇게 해서 보이지 않는 세계의 작은 균들이 질병의 무대 전면에 등장하게 됩니다. 너무나 작아서 아무것도 할 수 없을 것처럼 여겨졌던 세균들이 실은 혹독한 질병의 원인이었다는 사실은 사람들에게 충격으로 다가왔습니다. 더욱이 그런 세균들이 눈에 보이지 않는 세계에 가득하다는 사실은 사람들의 불안을 가중시켰습니다. 세균은 더 이상 레이우엔훅이 생각했던 그런 앙증맞고 귀여운 녀석들이 아니었습니다. 그것은 인간을 고통으로 몰아넣고 죽음에 이르게 하는 악마 같은 존재였습니다. 세균, 그건 이제 악마의 다른 이름이었습니다.

인류는 이제 이 보이지 않는 적과의 싸움을 시작합니다. 살균소독제부터 질병을 예방하는 백신 그리고 치료제까지, 세균들을 퇴치할 온갖 무기들이 마련됩니다. 이 무기들 덕에 인류는 질병이라는 오랜 고통에서 벗어날 수 있었습니다. 하지만 안타깝게도 이는 오래가지 못했습니다. 세균들이 백신이나 치료제를 요리조리 피해 가며 진화해 나갔던 겁니다. 더욱이 이렇게 변한 세균들은 더욱 혹독한 질병을 일으키곤 했습니다.

지금까지도 인류와 세균의 이런 싸움은 계속되고 있습니다. 어느 한쪽도 완전한 승리를 거머쥐지 못한 채, 승리와 패배를 오고 가는 시소게임을 이어 가고 있는 겁니다. 이 싸움은 어떻게 끝날까요? 마지막으로 승리를 거머쥐는 쪽은 인류일까요, 세균일까요? 세균과의 이 질긴 악연이 끝나는 날이 오기는 할까요? 현재로서는 이 질문들에 대해 확실한 답은 없습니다. 하지만 한 가지만은 분명합니다. 살아 있는 한 우리는 그 보이지 않는 세계와 하루하루를 함께 지내야 한다는 것입니다.

미생물과 문명

인간이 보이지 않는 세계에 사는 작은 생명체를 발견한 것은 17세기의 일입니다. 그러고도 두 세기의 시간이 흘러서야 우리는 그 작은 생명체들이 우리를 아프게 하는 원인이 될 수 있음을 알게 되었습니다. 하지만 사실 미생물들은 우리가 그런 발견을 이루기 훨씬 오래전부터 이 지구에 자리 잡고 살아가고 있었습니다.

우주가 생겨 지금까지의 시간을 1년으로 환산한다면, 미생물들이 출현한 것은 10월 무렵의 일입니다. 우주의 시간에 비해 미생물의 역사가 짧게 느껴질지도 모르겠습니다. 하지만 인간의 시간에 비하면 미생물들의 역사는 그야말로 길고도 깁니다. 오늘날의 인간 조상이 지구 상에 출현한 것은 그 1년의 마지막 날인 12월

31일하고도 밤 11시 54분쯤에 해당되기 때문이죠. 인간은 그 단 6분의 시간 동안 지금의 문명에 이르게 된 것입니다.

생명의 역사에서 미생물은 인간의 까마득한 선배입니다. 그렇기에 미생물이 인간 질병의 원인이라면, 그것은 인간이 출현한 이후부터였을 겁니다. 하지만 미생물이 전 인류를 위협하는 파괴적인 병원체로 등장한 것은 비교적 최근의 일입니다. 인류 역사 6분 중에서도 마지막 20초에 일어난 일이죠. 그 시간 동안 미생물들은 천연두에서부터 홍역, 결핵, 페스트, 콜레라 등 온갖 유행성 전염병을 일으켰습니다. 이 죽음의 사신 앞에서 인류는 오랫동안 속수무책이었습니다. 적게는 수만 명, 많게는 수천만 명이 보이지 않는 적들에 의해 단숨에 목숨을 빼앗겼습니다.

우주 역사의 12월 31일 11시 59분 40초 경, 인간과 미생물 사이에 무슨 일이 벌어졌던 걸까요? 무시무시한 병원체가 된 미생물과 인간의 조우. 그 역사적인 만남의 순간으로 들어가 봅시다. 우주 역사로 20초 전, 인간 역사로 바꿔 말하면 1만 년 전의 이야기입니다.

인간이 이뤄 낸 혁명

1만 년 전, 인간의 생활 방식에 획기적인 변화가 일어납니다.

우선 농사를 짓는다는 것은 정착 생활을 시작했다는 의미입니다. 특별한 일이 없는 한, 어렵사리 개간한 땅을 버리고 다른 곳으로 떠돌아다닐 필요가 없었습니다.

이곳저곳 돌아다니며 먹을 것을 구하던 생활에서 농사를 짓는 생활이 시작된 겁니다. 이른바 신석기 혁명이 일어난 것이죠. 이는 단순히 먹거리를 구하는 새로운 기술 하나를 터득한 문제가 아니었습니다. 혁명이라는 말이 의미하듯이, 농경으로의 변화는 생활양식의 총체적 변화를 가져왔습니다.

우선 농사를 짓는다는 것은 정착 생활을 시작했다는 의미입니다. 특별한 일이 없는 한, 어렵사리 개간한 땅을 버리고 다른 곳으로 떠돌아다닐 필요가 없었습니다. 이런 정착 생활은 아이를 낳는 문제에 있어서도 변화를 가져왔습니다. 수렵채집을 하며 떠돌아다닐 때는 어린 아기들이 많으면 곤란했습니다. 제대로 걸을 수도 없는 아기들은 자주 이동해야 하는 생활에서 짐이나 다름없었던 겁니다. 정착 생활은 자연스레 이 문제를 해결해 주었습니다. 어렵사리 아기들을 데리고 다닐 필요가 없으니, 비교적 부담 없이 아이들을 낳을 수 있었던 겁니다. 더욱이 농사를 짓기 위해서는 많은 일손이 필요했기 때문에 아이들을 많이 낳는 것은 오히려 득이 되었습니다. 그렇게 농경을 하는 정착 생활은 급격한 인구수의 증가를 가져왔습니다.

또한 추수를 하게 되면 한꺼번에 많은 농작물이 생깁니다. 이를 한 번에 먹는 일은 불가능했고, 무엇보다 훗날을 위해 그 농작물들을 보관해야 했습니다. 그래서 자연스레 농작물을 보관하는 창고가 들어서게 됩니다. 이제 산으로 들로 먹을 것을 찾아 헤매는 대신, 가까운 창고에 가서 손쉽게 먹거리를 가져올 수 있게 되었습니다. 정착을 하는 농경 생활은 동물들과도 새로운 관계를 맺게 했습니다. 땅을 개간하는 일에 사용할 힘세면서도 온순한 동물들을 가까이하게 된 겁니다. 그 대표적인 동물이 소입니다. 또한 사냥을 하러 떠나는 대신에 동물들을 사육하여 고기를 얻었습니다. 가축 사육이 시작된 것이지요.

이제 인간은 비교적 안정적으로 먹거리를 얻을 수 있게 됨으로써 여유로운 시간을 확보할 수 있었습니다. 단지 먹고사는 문제가 아니라 예술과 같은 문화적 발전이 일어날 수 있는 토양이 마련된 것이죠. 또 인구 증가와 사람들과의 관계 역시 안정적이게 되면서 여러 사회·정치적 조직들이 생겨나기 시작했습니다. 무엇보다 농경과 목축은 인간의 자연에 대한 태도를 변화시켰습니다. 그저 수동적으로 기다리는 게 아니라, 적극적으로 자연을 변형시켜 인간에 맞게 바꿀 수 있다는 생각을 하게 된 겁니다. 이를 위해 많은 기술들이 생겨나고 축적되면서 인간은 문명으로 나아가는 길에 본격적으로 들어서게 됩니다.

여기까지가 인간의 눈으로 바라본 신석기 혁명이었습니다. 신석기 혁명, 그것은 멋들어진 문명을 향한 출발이었습니다. 하지만 이는 오늘날 문명을 향유하며 살아가는 우리의 시선일 뿐이랍니다.

우리는 이제 이 혁명을 미생물들의 눈으로 보려 합니다. 거기에는 지금과는 다른, 그저 멋지지만은 않은 혁명의 모습이 있습니다.

미생물들에 불어닥친 혁명의 바람

지금으로부터 1만 년 전, 미생물들의 세계에 엄청난 변화의 바람이 불어왔습니다. 무엇보다도 큰 변화에 직면한 것은 야생 동물들의 몸속에 살던 미생물들이었습니다. 과거에는 자신이 살던 동물들과 비슷한 동물들을 만나, 그 동물들 사이를 오고가며 살았습니다. 그런데 어느 날인가부터 가끔씩밖에는 보지 못하던 새로운 동물이 자꾸 눈에 띄었습니다. 그 동물은 다름 아닌 인간이었습니다.

야생 동물 몸속에 살던 미생물에게 인간이란, 자신이 깃들어 사는 동물들을 사냥하러 올 때나 가끔 볼 수 있는 그런 존재였습니다. 그런데 인간들이 몇몇 야생 동물들을 한데 모아 자신들의 주거지에서 기르기 시작한 겁니다. 목축으로 인해 야생 속 미생물들은 1년 365일을 인간들과 마주해 살아가게 되었습니다. 오랜 세월을 살아오던 동물 옆에 새롭게 나타난 인간이라는 동물. 이는 미생물들에게는 신대륙이었습니다. 콜럼버스가 신대륙을 발견한 것처럼, 미생물들 역시 자신들이 살아갈 새로운 땅을 발견한 것이죠. 차이가 있다면 콜럼버스는 배를 타고 어렵사리 새로운 대륙을 찾아갔지만, 미생물들은 가만히 앉아 제 발로 찾아온 신대륙을 맞이했다는 것입니다.

이외에도 신대륙을 발견한 미생물들은 많이 있었습니다. 인간의 곡물 창고를 자신들의 먹이 창고로 이용하던 쥐들의 몸속에 살던 미생물들이 그렇습니다. 또 정착 생활을 하는 인간은 자신들의 배설물이나 음식 찌꺼기 같은 오염 물질을 옆에 두고 살게 되었습니다. 이로 인해 그런 곳에 살던 미생물들도 항상 곁에 머무는 신천지를 발견할 수 있었습니다.

이런 미생물들은 인간이란 신천지로 이주하기 시작했습니다. 미생물들이 그렇게 가까이에 있는 신세계를 나 몰라라 하는 게 더 이상한 일일 겁니다. 물론 미생물들이 새로운 땅에 정착하기란 쉬운 일이 아니었습니다. 많은 미생물들이 새로운 환경에 적응하는 데 실패했습니다. 그럼에도 몇몇 미생물들은 포기하지 않고 끈질기게 신세계를 개척해 들어갔습니다.

이 개척자 미생물들 중에는 예전의 거주지였던 야생 동물 몸속에서 말썽을 피우곤 하던 놈들도 있었고, 그렇지 않은 놈들도 있었습니다. 그러나 둘 모두 신세계에 적응해 가는 과정에서 심각한 문제들을 일으켰습니다. 말썽을 일으키던 놈들은 과거 방식 그대로 새 장소를 마구 헤집어 놓았습니다. 말썽을 피우지 않던 놈들도 상황은 마찬가지였습니다. 과거 자신이 살아가던 야생 동물들과는 오랜 시간을 함께 지내며 공존의 길을 찾아냈지만, 이곳 신세계에서는 달랐던 겁니다. 그런 공존의 길을 모색하는 데는 100년 이상의 시간이 필요했습니다. 하지만 이 미생물들은 이주해 온 지 얼마 되지 않았고, 그래서 우왕좌왕하며 마구잡이로 먹을 것을 구해 생존해 나가는 데 급급했습니다.

더욱이 신세계, 그러니까 인간의 몸은 이런 개척자들에 대처할 능력이 없었기에 문제는 더욱 커졌습니다. 이전에는 접해 보지 못한 새로운 생명체들을 잡아 없애야 하는지, 아니면 함께 살아갈 방법을 찾아야 하는지 몰랐던 겁니다. 이런 혼란 속에서 미생물들은 짧은 시간 안에 급속하게 번식해 나갔고, 그럴수록 신세계는 쑥대밭이 되어 갔습니다. 그리고 결국에는 완전히 회복될 수 없는 죽은 땅이 되어 버렸습니다.

이렇게 인간은 전에 없던 가혹한 질병들에 시달리게 되었습니다. 수많은 사람들이 극심한 고통 속에서 짧은 기간에 죽음을 맞이해야 했습니다. 사실 이런 식의 죽음은 미생물들에게도 별로 이득이 될 게 없습니다. 살아갈 주거지를 잃어버리는 것이기 때문입니다. 하지만 농사를 짓는 정착 생활로 인구 밀도가 높아지자, 그건 큰 문제가 되지 않았습니다. 언제든 손쉽게 이주할 수 있는 새로운 땅들이 주위에 널려 있었으니까요.

실제로 약 1만 년 전부터 문명화가 진행되면서 인간의 건강을 크게 위협했던 전염병들은 대개 그 병원균이 야생 동물과 공존하면서 생존해 왔던 것들이다. 인간이 이전에는 전혀 가 본 적이 없는 곳에 가서 집을 짓고 모여 살고 또 야생 동물을 길들여 가축화하면서 동물을 숙주로 삼았던 균들이 사람들과 접촉하기 시작했다. 사람들도 이러한 균을 접한 것이 이때가 처음이지만 세균 역시 사람들을 맞닥뜨리게 된 것이 이때가 처음이다. 〈사람과 세균의 만남〉은 다행스럽게 평화스러운 공존으로 정리되거나 더욱 좋게는 인류에게 이로운 만남으로 될 수도 있었지만, 많은 경우 인류의 건강에 치명적이었다.

— 홍윤철, 『질병의 탄생』에서

문명의 빛, 질병의 어둠

19세기를 거쳐 20세기에 이르러 미생물들의 정체가 밝혀지기 전까지 인류의 주요 사망 요인은 미생물의 감염에 의한 유행성 전염병이었습니다. 천연두와 결핵, 그리고 홍역 등의 유행성 전염병으로 인해 인간은 끊임없이 죽음으로 내몰렸습니다. 하지만 이런 감염성 전염병은 수렵채집을 하던 인류의 조상에게는 드문 일이었습니다. 인류의 유골 화석은 그들이 지금의 우리만큼 오래

살지는 못했지만, 사는 동안만큼은 대체로 건강하게 살았음을 말해 줍니다.

유행성 전염병의 공포가 불어닥친 것은 농경과 목축, 그리고 정착이라는 새로운 생활양식이 생겨나면서부터였습니다. 인간은 농사를 짓기 위해서, 그리고 고기를 얻기 위해서 특정 야생 동물들을 기르기 시작했고, 이로부터 새로운 미생물들이 인간 세계로 들어오게 되었습니다. 천연두, 결핵, 홍역 모두는 인간의 정착 생활에 너무나 유용했던 소로부터 온 것입니다. 인플루엔자는 돼지나 오리 몸속의 미생물이 인간에게 전이된 경우이며, 죽음의 사신으로 불리던 페스트는 쥐에 그 기원을 두고 있습니다.

하지만 감염을 일으키는 이런 미생물들만으로는 유행성 전염병이 되기에는 부족합니다. 인간이 소규모로 모여 살며 서로 접촉도 없이 따로 살던 시절에는 이 병원체들이 활개를 칠 수 없었습니다. 고립된 소규모 집단에서 병원체들은 그 집단 전체를 몰살하고, 함께 죽음을 맞이했습니다. 그곳에서는 더 이상 자신들이 살 수 있는 새로운 주거지가 남아 있지 않았기 때문입니다. 설령 운 좋게 살아남은 사람이 있더라도 상황은 마찬가지였습니다. 심하게 병을 앓고 살아난 사람은 이제 그 병원체에 대항할 능력, 즉 면역력을 가졌기에 병원체들은 그 살아남은 자를 주거지로 삼을 수 없었습니다.

미생물에 의한 이런 전염병은 감염시킬 충분한 인간을 확보하지 못하면 소멸하고 맙니다. 병원체가 끊임없이 활개를 치며 죽음의 유희를 벌이기 위해서는 인구가 충분히 많고, 밀집되어 있어야 하는 것이죠. 이런 조건에서 병원체들은 과거 자신들의 숙주인 야생 동물 없이도 인간과 인간 사이를 옮겨 다니는 질병으로 거듭날 수 있습니다. 최근 통계에 따르면 인류의 가장 오래된 고대 문명인 수메르의 인구는 50만 명이었으며, 바로 이 50만이라는 숫자가 홍역이 살아남기 위한 최소 인구수라고 합니다.

따라서 도시는 유행성 전염병의 최적의 장소가 됩니다. 더욱이 정착 생활로 인해 배설물이나 음식 찌꺼기 같은 오염 물질들과 함께 살아야 했던 과거의 많은 도시들은 위생 상태가 형편없었습니다. 이로 인해 병원체들은 더욱 살판난 생활을 즐길 수 있었습니다. 또한 이런 도시 간의 교역은 말 그대로 재앙이었습니다. 교역로를 통한 인간과 인간의 접촉은 곧 병원체들의 통로가 되어 주었기 때문입니다.

인간은 농경과 목축을 중심으로 하는 정착 생활을 발판 삼아 문명으로 나아갔습니다. 그리고 점점 더 그 문명의 빛은 찬란해졌습니다. 하지만 모든 빛은 어둠과 함께 오며, 빛이 찬란할수록 어둠은 짙어지는 법입니다. 문명의 혜택을 받은 것은 인간만이 아니었습니다. 병원체가 되는 미생물들 역시 문명이 주는 혜택을 맘껏

누렸습니다. 인간이 더 넓게, 더 빨리 문명으로 들어설수록, 병원체들이 퍼져 나갈 새로운 세계 역시 더 넓고, 더 빠르게 열렸던 것이지요.

이 상황은 최근까지지도 별반 달라진 게 없는 듯합니다. 물론 오랜 역사를 지닌 천연두나 홍역 같은 질병들은 의학 기술의 발전으로 더 이상 활개를 치지 못합니다. 하지만 그 이후에도 새로운 병원체들이 잇따라 등장했습니다. 소아마비가 처음 유행한 것은 1840년대이며, 이 시기 콜레라 역시 기승을 부립니다. 그리고 1950년대가 되자 에이즈의 공포가 시작되었습니다. 이 새로운 병원체들은 어디서 온 것일까요? 근래 들어 새로 생겨난 것일까요?

'그쪽'과 '이쪽'의 세계에서

끊임없이 등장하는 새로운 감염성 질병들. 이 질병을 일으키는 병원체들의 출현에 대해 단서가 되는 사건이 하나 있습니다. 1999년 말레이시아 반도에 출현한 신종 전염병이 그것입니다. 이 전염병의 시작은 돼지였습니다. 돼지들은 정체를 알 수 없는 전염병에 걸려 죽어 나갔고, 이는 곧 그 곁에 있던 인간에게 옮겨 갔습니다. 사람들은 이름 모를 감염에 의해 치명적인 뇌염에 걸려 죽음에 이르렀습니다.

이 신종 전염병의 병원체는 니파 바이러스로 밝혀졌습니다. 니파 바이러스는 과일박쥐의 몸에 사는 바이러스로, 과일박쥐에게는 별다른 문제를 일으키지 않습니다. 하지만 이 바이러스들은 돼지와 인간에게서는 난폭한 병원체로 돌변했습니다. 그렇다면 이 바이러스는 어떻게 돼지와 인간에게 이르는 길을 발견했을까요? 이번에도 길을 닦은 것은 인간이었습니다. 사람들이 과일박쥐가 사는 깊은 숲까지 밀고 들어가 돼지 사육을 시작한 겁니다. 인간이 소를 키우기 시작했을 때와 마찬가지로, 20세기 과일박쥐 몸속의 바이러스는 가만히 앉아 굴러들어온 신세계를 맞이했던 것이죠.

이제 우리는 다시 생각해 볼 필요가 있습니다. 코흐가 콜레라균을 발견한 그 시기는 유럽에 대도시가 형성되던 시기였습니다. 열대성 말라리아는 무자비한 삼림 개발과 함께 갑니다. 그리고 침팬지 몸속 바이러스에 그 뿌리를 둔 에이즈 바이러스는 원시림을 파괴하고 무차별적으로 야생 동물을 포획하며 이루어진 아프리카 개발과 함께 갑니다. 이 모든 것을 그저 우연의 일치로 봐야 할까요?

일본의 소설가 무라카미 하루키는 1995년 도쿄에서 일어난 비극적 사건에 관해 책 한 권을 썼습니다. 옴진리교라는 한 사이비 종교 단체가 출근길 지하철에 사린가스를 살포해 12명이 사망하

길을 닦은 것은 인간이었습니다. 사람들이 과일박쥐가 사는 깊은 숲까지 밀고 들어가 돼지 사육을 시작한 겁니다. 인간이 소를 키우기 시작했을 때와 마찬가지로, 20세기 과일박쥐 몸속의 바이러스는 가만히 앉아 굴러들어온 신세계를 맞이했던 것이죠.

고, 수천 명이 가스에 중독된 사건이었습니다. 그런데 하루키가 이 사건을 이해하기 위해 만난 사람들은 그 사이비 종교 집단의 사람들이 아니라, 이 사건과 연루된 피해자들이었습니다. 그는 생각했습니다. 어쩌면 이 끔찍한 사건의 열쇠를 쥔 것은 그쪽이 아니라 이쪽일지 모른다고.

치명적인 유행성 전염병 문제에서도 하루키의 이런 시선이 필요하지 않을까 싶습니다. 그런 병을 유발하는 병원체들의 정체를 밝히고 이에 대항할 백신을 만들어 내는 일은 중요합니다. 하지만 들여다봐야 할 것은 현미경 아래 그 미생물들만은 아닐 겁니다. 우리에게는 또 다른 눈이 필요합니다. 현미경 아래 보이지 않는 '그쪽' 세계가 아닌, '이쪽' 세계를 볼 눈 말입니다. 이쪽, 우리 스스로가 만드는 문명이라는 세계는 최첨단의 현미경 없이도 언제든 볼 수 있는 그런 세계입니다. 하지만 그 세계는 우리가 외면하는 한 어떤 최고의 기술력으로도 다가갈 수 없는, 보이지 않는 세계로 남아 있을 것입니다.

증상의 두 얼굴

해가 뉘엿뉘엿 지는 초저녁. 따뜻한 햇볕 아래에서만 활동하는 개미들에게는 집으로 돌아갈 시간입니다. 그런데 어찌된 일인지 개미 한 마리가 집을 나섭니다. 이 개미는 풀밭을 헤매며 냉이나 개자리 같은 풀을 찾습니다. 그러고는 그 풀 위에 기어올라가 꼼짝 않고 앉아 있습니다.

이 개미는 지금 양을 기다리고 있습니다. 앉아 있는 풀도 양들이 특히나 좋아하는 풀이랍니다. 하지만 양은 나타나지 않고, 그렇게 날이 밝아 옵니다. 해가 뜨자 개미는 꿈에서 깨어난 듯, 풀에서 내려옵니다. 그리고 다른 보통의 개미들과 마찬가지로 일상을 시작합니다. 하지만 해가 지기 시작하자, 이 개미는 다시 무언가에 홀린 듯 집을 나섭니다. 그리고 어젯밤과 마찬가지로 풀 위에 올라앉아 양을 기다립니다.

그러던 어느 날, 드디어 양이 나타납니다. 해가 져서 선선해지자 풀을 뜯으러 나온 것이지요. 양은 자신이 좋아하는 풀로 양껏 배를 채웁니다. 그리고 그때, 양은 의도치 않게 풀 위에 앉아 있는 개미도 함께 먹게 됩니다. 그렇게 개미는 생을 마감합니다. 하지만 이야말로 개미가 원했던 바입니다. 개미가 매일같이 밤 외출을 감행했던 이유, 그것은 양에게 잡아먹히기 위해서였습니다.

자살을 욕망하는 개미라니, 대체 이 개미에게는 무슨 일이 있었던 것일까요? 사실 이 개미는 아픕니다. 하지만 그것은 인간이 때로 감당할 수 없는 사건을 겪어 자살을 생각하게 되는 그런 아픔과는 다른 것입니다. 지금 이 개미는 '창형흡충'이라는 작은 벌레에 감염되어 있을 뿐입니다. 그리고 개미의 그 기묘한 행동은 이 작은 벌레에 감염되었을 때 나타나는 증상입니다.

개미의 자살이라는 증상은 창형흡충의 특이한 생활 방식과 관련되어 있습니다. 창형흡충은 양의 간에 사는 기생충입니다. 그런데 문제는 이 작은 벌레가 자신이 알을 낳는 장소와 알이 부화되는 장소를 따로따로 잡는다는 데 있습니다. 창형흡충이 알을 낳는 곳은 양의 몸이지만, 그것이 부화되어 애벌레가 되는 것은 달팽이의 몸속입니다. 그래서 이 기생충의 알은 양의 몸 안에서 태어난 후, 양의 대변에 섞여 몸 밖으로 나옵니다. 그 후 이 알을 달팽이가 먹게 되는데, 그러면 비로소 알은 부화해 유충이 됩니다.

그런데 여기서 아주 심각한 문제가 하나 생깁니다. 부화된 유충이 알을 낳으려면 양의 몸 안으로 다시 들어가야 하는 것이죠. 바로 여기서 이 유충의 이사를 돕는 것이 개미입니다. 달팽이 몸속의 유충은 달팽이가 기어 다니며 흘리는 끈끈한 점액을 통해 세상 밖으로 나옵니다. 개미는 이 점액을 먹이로 착각하며 먹게 되고, 이때 유충들 역시 개미 몸 안으로 들어가게 됩니다.

개미 몸에 들어간 유충들 중 특공대 한두 마리가 개미의 뇌로 향합니다. 그러면 이제 모든 문제가 해결됩니다. 앞에서 얘기한 대로, 개미는 매일 저녁 풀 위에서 양에게 잡아먹히길 기다리게 되는 겁니다. 이처럼 감염을 일으킨 병원체가 자신이 기생하고 있는 숙주를 자신에게 유리하도록 움직이게 만드는 현상을 '숙주 조종'이라고 합니다. 개미는 숙주 조종을 당했고, 그래서 자신의 생명이 아닌 창형흡충에게 유리한 삶, 즉 죽음을 택한 겁니다.

숙주 조종으로서 증상

숙주 조종은 미생물에 의한 인간의 감염에서도 나타납니다. 우리가 흔히 병의 증상이라 여기는 것 중에 이런 숙주 조종이 있습니다. 물론 창형흡충의 경우처럼, 그리 드라마틱하지는 않습니다.

자살을 욕망하는 개미라니, 대체 이 개미에게는 무슨 일이 있었던 것일까요?

그러나 이 또한 우리를 무척이나 고통스럽게 하고, 때로는 죽음에 이르게 한다는 점에서는 다를 바 없습니다.

일례로 콜레라균에 의한 증상이 그렇습니다. 콜레라의 대표적인 증상은 심각한 설사입니다. 콜레라에 걸리면 복통이나 열이 없이, 심한 경우 하루에 15,000CC의 설사를 하게 됩니다. 이런 설사로 인해 환자들은 탈수증에 걸려 쇼크로 사망하기도 합니다.

이와 같은 심한 설사는 콜레라균에 의한 일종의 숙주 조종입니다. 우리 몸에 들어온 콜레라균은 장에서 번식을 합니다. 그런데 이 세균이 장에 자리를 잡기 위해서는 한 가지 작업이 필요합니다. 우리의 장은 소화를 도와주는 미생물들로 빼곡히 들어차 있는데, 이 미생물들을 몰아내야 하는 겁니다. 그래야 콜레라균이 자신이 살 공간을 마련할 수 있습니다.

그래서 콜레라균은 몸에 들어오자마자, 장내 미생물들을 쫓아내는 작업을 시작합니다. 우선 콜레라균은 자신이 가진 갈고리 모양의 긴 꼬리로 장 안의 작은 틈을 찾아냅니다. 그러고는 그곳에 몸을 단단히 고정시킵니다. 그 다음으로는 강력한 독소를 내뿜습니다. 이 독소는 우리 장이 다량의 물과 염분을 방출하게 만듭니다. 그러면 이 염분과 물이 원래 자리하고 있던 미생물들을 쓸어내버리게 되는 것이죠. 즉, 콜레라균이 장 안에 홍수를 유발하는 겁니다. 이 홍수의 결과가 바로 설사입니다. 그렇기에 콜레라 치료에서 설사를 멈추게 하는 것은 결정적입니다. 콜레라균이 설사를 일으키는 메커니즘을 방해하면, 우리 장에 제대로 자리를 잡을 수 없기 때문입니다.

콜레라의 설사와 달리, 매우 정적인, 하지만 그만큼 섬뜩한 증상을 나타내는 질병도 있습니다. 말라리아가 그런 경우입니다. 말라리아를 일으키는 세균은 모기의 몸 안에 살고 있습니다. 모기가 사람을 물 때, 이 병원체들은 사람 몸속으로 이동합니다. 그리고 그 숙주를 맘껏 이용한 다음, 다시 모기에 올라타 다른 숙주로 옮겨갑니다.

사람과 사람의 접촉이 아닌, 오직 모기에 의해서만 전염이 되는 말라리아. 말라리아균에게는 모기가 필수적입니다. 모기가 없으면 번식을 위해 한 숙주에서 다른 숙주로 이동해 갈 수 없기 때문입니다. 그렇기에 말라리아에 걸린 환자가 모기에 더 잘 물릴수록 말라리아균은 번식을 위한 새로운 숙주를 더 쉽게 구할 수 있습니다. 그럼 환자가 어떤 상태에 있어야 모기에 잘 물릴까요? 간단합니다. 가만히 드러누워 있는 상태입니다. 이리저리 몸을 움직이면 모기가 피를 빨 기회를 갖기 어려우니까요. 그래서 말라리아에 걸린 사람은 고열로 꼼짝 못 하고 누워 있는 신세가 됩니다.

반면, 감기 바이러스는 말라리아균과 정반대의 전략을 씁니다. 찌뿌둥하고 열도 좀 나지만 말라리아처럼 드러누울 정도가 되지는 않게 하는 것이죠. 감기 바이러스가 이런 전략을 택한 이유는, 모기와 같은 중간 매개체 없이 사람과 사람의 접촉을 통해서만 전염되는 것이 감기이기 때문입니다. 그러니 숙주가 움직이지 않으면, 다른 곳으로 이동하는 경로가 차단되어 버리겠지요. 웬만하면 숙주가 이리저리 돌아다녀야 감기 바이러스의 활로가 열립니다. 거기에 더해 콜록콜록 기침까지 한다면, 감기 바이러스에게는 이보다 더 좋을 수 없을 겁니다.

이처럼 숙주 조종을 통해 병원체는 자신에게 이로운 상황을 만듭니다. 다시 말해, 자신이 살기에 쾌적한 환경을 만드는 겁니다. 물론 그것을 겪어야 하는 우리 입장에서는 그저 괴롭기만 할 뿐이지요.

방어 작용으로서의 증상

지금까지 우리는 병원체가 일으키는 숙주 조종에 의한 증상들을 살펴봤습니다. 하지만 우리가 겪는 고통이 모두 숙주 조종은 아닙니다. 아니, 오히려 많은 증상들이 우리 몸이 병원체에 대항하는 과정에서 생깁니다. 병원체로부터 몸을 보호하기 위한 '방어 작용'이 우리가 느끼는 증상이 되는 겁니다.

간단한 예로는 재채기가 그렇습니다. 재채기는 이물질이 몸 안

깊숙이 들어오는 것을 방지하기 위해 우리 몸이 일으키는 작용입니다. 발목을 삐었을 때, 통증이 생기는 것도 같은 이치입니다. 우리는 통증 때문에 발을 자유자재로 움직일 수 없어 불편하다고 생각합니다. 하지만 우리 몸의 통증이 노리는 것이 바로 그것입니다. 발목이 회복될 때까지, 될 수 있는 한 발목을 쉬게 하려는 것이죠.

감염성 질병에서 나타나는 열 또한 우리 몸의 방어 작용 중 하나입니다. 체온을 상승시켜 병원체들을 없애려 하는 것이죠. 뜨거운 물을 부어 살균을 하는 것과 비슷합니다. 하지만 때로는 이런 고열에도 끄떡없는 병원체들이 있답니다. 이런 경우 열은 병원체에게는 아무런 영향도 주지 못하고, 그저 우리 스스로를 괴롭힐 뿐입니다. 그러나 많은 경우 열은 훌륭한 방어 수단이 됩니다. 그렇기에 우리 몸은 약간의 부작용에도 불구하고 열이라는 방어 수단을 선택했습니다.

이런 방어 작용들을 그저 증상이라는 이유로 빨리 없애 버리려 하는 것은 현명한 방법이 아닙니다. 예를 들어, 염증을 치료하기 위해 성급히 소염제를 먹으면, 오히려 감염 기간이 늘어난다고 합니다. 감염 초기에 일어나는 염증은 중요한 방어 작용입니다. 염증은 그 끈적끈적한 모양새가 보여 주듯, 병원체가 혈액을 타고 몸 안 깊숙이 들어가는 것을 막습니다. 즉, 병원체들의 발을 묶어

두는 겁니다. 거기에 이 염증은 우리 면역계에 대해 일종의 출동 명령으로 작동합니다. 염증이라는 경보가 발령되어야 면역계가 비로소 자신의 활동을 시작하는 것이죠. 이처럼 염증은 병원체의 발을 묶어 놓고, 우리 몸의 작은 의사들을 재빠르게 소집하는 역할을 합니다.

질병에 의한 증상은 이처럼 복잡다단합니다. 숙주 조종에 의한 것도 있지만, 대부분은 우리 몸의 방어 작용입니다. 우리 몸이 스스로를 지기키 위해 하는 활동이 우리에게는 통증으로 드러나는 겁니다. 그럼에도 우리는 몸이 아프면, 곧바로 이 아픔을 만드는 원인을 떠올립니다. 그러고는 그 원인을 하루속히 없애려 달려듭니다.

그러나 어떤 아픔은 반드시 겪어야만 합니다. 그 아픔은 우리 몸이 살고자 하는 노력을 나타내기 때문입니다. 우리 몸은 때로 아픔 속에서 건강으로 향하는 길을 찾습니다. 그렇기에 고통스럽다는 이유로 무조건 증상을 제거하는 것만이 능사는 아닙니다. 오히려 그런 식으로 증상을 없애는 것이 더 큰 아픔이 되어 돌아올 수 있으니까요.

미생물은 미생물일 뿐이다

파스퇴르가 보이지 않는 세계에 사는 미생물들의 활동을 밝히고 난 후, 우리는 많은 질병들로부터 자유로워졌습니다. 파스퇴르는 미생물을 질병의 원인으로 지목했고, 미생물들에게 '병원체'라는 이름을 붙여 주었습니다. 그 덕분에 우리는 미생물들과 싸울 다양한 무기들을 갖게 되었습니다. 예방 접종을 통해 영아 사망률이 급속히 떨어졌고, 항생제의 개발은 병원체들의 활동에 치명타를 가했습니다.

무엇보다 병원체들과의 싸움을 승리로 이끈 일등 공신은 위생 관념일 겁니다. 보이지는 않지만 사방에 많은 병원체들이 있다는 것, 그래서 그 병원체들이 판칠 수 있는 환경을 사전에 차단해야 한다는 것. 이 위생 관념으로 인해 많은 병원체들을 그 싹부터 잘라 낼 수 있었습니다. 그 결과 많은 질병들이 과거의 유물이 되었습니다.

하지만 미생물이 병원체라는 사실이 준 가장 큰 효과는 다른 데 있습니다. 바로 질병에 대해 뭔가 속 시원한 답을 얻은 기분을 들게 해 준다는 겁니다. 우리는 나쁜 일이 생기면, 그 사건을 일으킨 범인을 찾아내고 싶어 합니다. 범인을 색출해서 없애 버리면 사건이 끝난다고 믿기 때문이죠. 병원체는 질병에 있어서 그런 범인이었습니다. 질병의 주범이 미생물임을 알았으니, 비록 지금 당장 그놈들을 퇴치할 수는 없다 해도, 언젠가는 반드시 사라지게 할 수 있을 거라고 생각하는 겁니다. 그때까지 우리가 할 일은 열심히 쓸고 닦으면서 병원체와의 접촉을 최대한 차단하는 것입니다.

하지만 우리가 잠시 잊고 있는 것이 있습니다. 파스퇴르가 처음으로 발견한 미생물, 그 미생물들이 술을 만들고 있었다는 사실을요. 발효를 일으키는 미생물들이 없었다면, 우리 식탁은 참으로 빈곤해졌을 겁니다. 그리고 무엇보다, 먹거리가 적든 많든 간에 우리는 미생물 없이는 아무것도 소화시킬 수 없을 것입니다.

우리 몸은 미생물의 생태계

모든 음식물의 소화는 미생물의 활동입니다. 사실 음식물은 외부 물질입니다. 이런 외부 물질에 대해 우리 몸은 기본적으로 방어적인 태도를 갖습니다. 면역계의 주된 활동 중 하나가 이런 방어입니다. 우리 몸과는 다른 외부 물질을 발견하고, 이를 통제하는 것이죠. 장기 이식을 할 때 면역 반응이 중요한 것도 이 때문입니다. 우리 몸은 자신과 다른 외부 물질을 거부하는 경향이 있는 겁니다.

음식물 역시 외부 물질임에는 장기 이식과 다를 바 없습니다. 그럼에도 우리는 아무 탈 없이 아주 자연스럽게 음식물을 먹습니다. 이것이 가능한 이유는 미생물들 때문입니다. 미생물들은 음식물이라는 외부 물질을 우리 몸이 받아들일 수 있는 형태로 분해해 줍니다. 미생물들의 이런 일차 작업 덕분에 우리는 장기 이식을 하듯 위험을 감수하지 않고 매번 식사를 즐길 수 있습니다.

우리의 소화관은 온갖 미생물들로 득실거립니다. 이 미생물들의 역할은 소화만이 아닙니다. 미생물들의 또 다른 활동은 우리 장이 가진 특수한 기능과 관련됩니다. 소화가 이루어지는 위장관에는 뇌를 이루는 신경 세포인 뉴런들이 방대하게 펼쳐져 있습니다. 그래서 위장을 '제2의 뇌'라고 부르기도 합니다.

뇌의 주요한 역할 중 하나는 신경호르몬의 분비입니다. 이 신경호르몬에 따라 우리 기분이 좌우됩니다. 예를 들어 '세로토닌'이라는 호르몬은 행복감을 느끼게 만듭니다. 그런데 이 세로토닌의

90%가 분비되는 곳은 뇌가 아니라 위장관입니다. 그리고 이 세로토닌의 분비를 조절하는 것은 미생물들입니다. 장내 미생물들은 그곳에 있는 신경 세포들과 화학적 대화를 나눕니다. 이 대화를 통해 세로토닌의 분비가 이루어지는 겁니다. 그러니까 우리가 뭔가를 먹고 행복한 감정을 느낀다면, 그건 사실 미생물들의 행복감을 나누고 있는 거라고 할 수 있습니다.

우리 몸에 사는 미생물들은 다른 면에서도 우리를 행복하게 해줍니다. 질병을 일으키는 미생물들을 막아 주는 것이지요. 우리 장은 각양각색의 미생물들로 빼곡히 들어차 있습니다. 우리 몸에 상주하면서 우리와 함께 살아가는 이런 미생물들을 '정상 세균총'이라 부릅니다. 콜레라균처럼 우리 장에 홍수를 일으켜 장내 미생물들을 쓸어버릴 정도로 특별한 작업 능력을 갖추지 못한 병원체들은 이 정상 세균총을 비집고 들어오는 게 쉽지 않습니다. 그래서 우리 몸의 정상 세균총이 질병을 막아 주는 첫 번째 장벽이 되는 겁니다.

정상 세균총이 병원체를 방어하는 힘은 미생물의 양이 아니라, 그 종류와 관련됩니다. 한 종류가 득세하는 장보다는, 다종다양한 미생물들이 살고 있는 장이 병원체들에 더 효과적으로 대응하는 겁니다. 이런 미생물의 다양성을 떨어뜨리는 것 중 하나가 인스턴트 음식입니다. 또한 어릴 때부터 너무 자주 복용하는 항생제 역시 미생물들의 다양성을 파괴합니다. 결국 병을 고치려고 먹은 약이 오히려 병에 취약한 몸을 만드는 일이 벌어지는 것이죠.

우리 몸은 위장뿐만 아니라, 눈, 코, 입, 피부, 어디라 할 것 없이 미생물들의 주거지를 이룹니다. 성인의 몸으로 보자면, 미생물의 세포가 몸 전체 세포보다 열 배나 더 많습니다. 이 미생물들은 10조에서 100조 개에 이를 것으로 추정되며, 그 무게를 합치면 1.3kg정도가 됩니다. 유전자의 측면으로 가면 미생물의 위력은 더욱 커집니다. 우리 몸의 고유 유전자 중 단 1%만이 인간 유전자이고, 나머지 99%는 미생물들의 유전자입니다. 이쯤 되면 미생물이 우리 몸에 사는 것이 아니라, 우리가 미생물들 몸에 붙어살고 있다고 말해야 할 것 같습니다.

한 인간의 몸에 이 정도의 미생물이 살고 있다면, 전 지구적으로 봤을 때 얼마나 많은 미생물들이 살고 있을지 짐작이 되시나요? 이 지구의 주인은 보이지 않는 세계에 살고 있는 미생물들입니다.

미생물이 없다면 우리는 먹거나 숨을 쉴 수도 없는 반면, 인간이 없어도 거의 모든 미생물은 아무 문제없이 잘 지낼 수 있다.

— 마틴 블레이저, 『인간은 왜 세균과 공존해야 하는가』에서

미생물은 미생물일 뿐이다

지구의 주인으로서 미생물. 우리는 이 모든 미생물들을 마치 병원체인 양 생각합니다. 그러나 미생물들 중 극소수만이 질병을 일으킵니다. 우리는 그 극소수를 가지고 미생물 전체를 판단하고 있는 겁니다.

더욱이 병원체로 지목된 미생물이 항상 질병을 일으키는 것도 아닙니다. 평상시에도 우리 몸에는 병원체들이 살고 있습니다. 정상 세균총으로 상주하는 미생물들 사이에 이런 병원체들이 함께 살고 있는 겁니다. 이 병원체들은 때로 감염을 일으키는 원인으로 작동하지만, 대부분의 경우 별 문제를 일으키지 않고 살아갑니다.

1차 세계 대전 중에 있었던 한 사건은, 질병을 병원체로 환원하는 것에 대해 다시금 생각하게 합니다. 1차 세계 대전 중에 돼지독감이라는 전염성 질병이 유행했습니다. 전쟁 중 사망한 미국인의 80%는 총이 아닌 돼지독감으로 목숨을 잃었다고 합니다. 의료 당국은 맹위를 떨치는 이 독감을 잡기 위한 백신 개발에 들어갔습니다.

돼지독감의 백신 개발 연구는 매우 잔혹한 것이었습니다. 돼지독감의 병원체를 제대로 밝히기 위해 군용 감옥의 수감자들을 대상으로 임상 실험이 진행되었습니다. 실험 대상자들에게 이 독감에 감염된 허파 조직을 주입한 용액을 뿌렸습니다. 그래도 병에 걸리지 않으면 돼지독감에 걸려 죽어 가는 사람의 배설물을 목에 바르기도 했습니다. 그러나 어찌된 일인지, 실험 대상자들 중 단 한 명도 병에 걸리지 않았습니다. 아니, 병에 걸린 사람이 있기는 있었습니다. 그는 실험 대상이 되었던 수감자가 아니라, 그 실험을 하던 의사였고 결국 그는 죽음에 이르렀습니다.

이 이상야릇한 사건의 전모는 아직까지 밝혀지지 않고 있다고 합니다. 하지만 한 가지 확실한 것은, 질병의 주범을 오롯이 병원체에게만 돌릴 수는 없다는 겁니다. 그러니 우리에게는 다른 식의 질문이 필요합니다. 평범하던 돼지독감이 왜 하필 1차 세계대전에서 그토록 지독해졌는지, 전쟁터에서 맹위를 떨치던 병원체가 어째서 감옥이라는 공간에서는 맥을 추지 못했는지, 왜 실험 대상인 수감자들이 아니라 의사에게서만 발병이 되었던 것인지, 라고요. 따라서 우리는 미생물을 병원체로 작동하게 하는 그 배치에 대해 물어야 합니다.

병원체가 아니라, 병원체가 작동하게 되는 배치를 바라보기. 이는 쉽지 않습니다. 병원체와 얽힌 수많은 요소들을 고려해야 하기 때문입니다. 하지만 무엇보다 이런 작업을 어렵게 만드는 것은 우리 마음입니다. 병원체가 아닌 배치를 보는 일은 우리를 불편하게 합니다. 그 배치라는 것 안에는 우리 자신의 삶이 들어 있기 때문입니다. 그래서 우리가 겪는 그 아픔에서 우리 자신을 빼놓을 수가 없게 됩니다. 반면 질병의 모든 원인을 하나의 병원체에게 돌리면 우리는 작은 위안을 얻을 수 있습니다. 너는 나쁜 놈이다, 그래서 나를 괴롭힌다, 그렇기에 문제는 내가 아니라 너다, 라고 말이죠. 그렇게 우리는 무고한 피해자가 되어, 우리 아픔의 책임으로부터 자유로워집니다. 그래서 우리는 악질 병원체 하나를 잡아내서 모든 책임을 떠넘기고 싶어집니다.

그러나 현실에서는 그렇게 딱 잘라 "넌 나쁜 병원체야."라고 말할 수 있는 경우가 매우 드뭅니다. 그렇기에 질병을 하나의 주범을 색출하는 문제로 생각하면 어려움에 봉착할 수밖에 없습니다. 예를 들어 산소를 생각해 보죠. 산소는 숨을 쉬는 데 필수적인 요소입니다. 그렇기에 산소는 좋은 것이죠. 하지만 우리 몸에서 만들어지는 과도한 산소는 노화의 주범이며, 암을 유발합니다. 숨을 쉬어야 하는데, 숨을 쉬면 늙고 암에 걸린다? 그렇다면 산소는 좋은 놈일까요, 나쁜 놈일까요?

미생물의 문제에서도 마찬가지입니다. 분명 병을 일으키는 미생물은 존재합니다. 하지만 미생물들에게 질병의 모든 책임을 돌리는 것은 섣부른 판단입니다. 미생물은 미생물일 뿐입니다. 이 미생물은 특정한 조건에서 병원체가 되고, 병원체 역시 특정한 조건에서 질병이 됩니다.

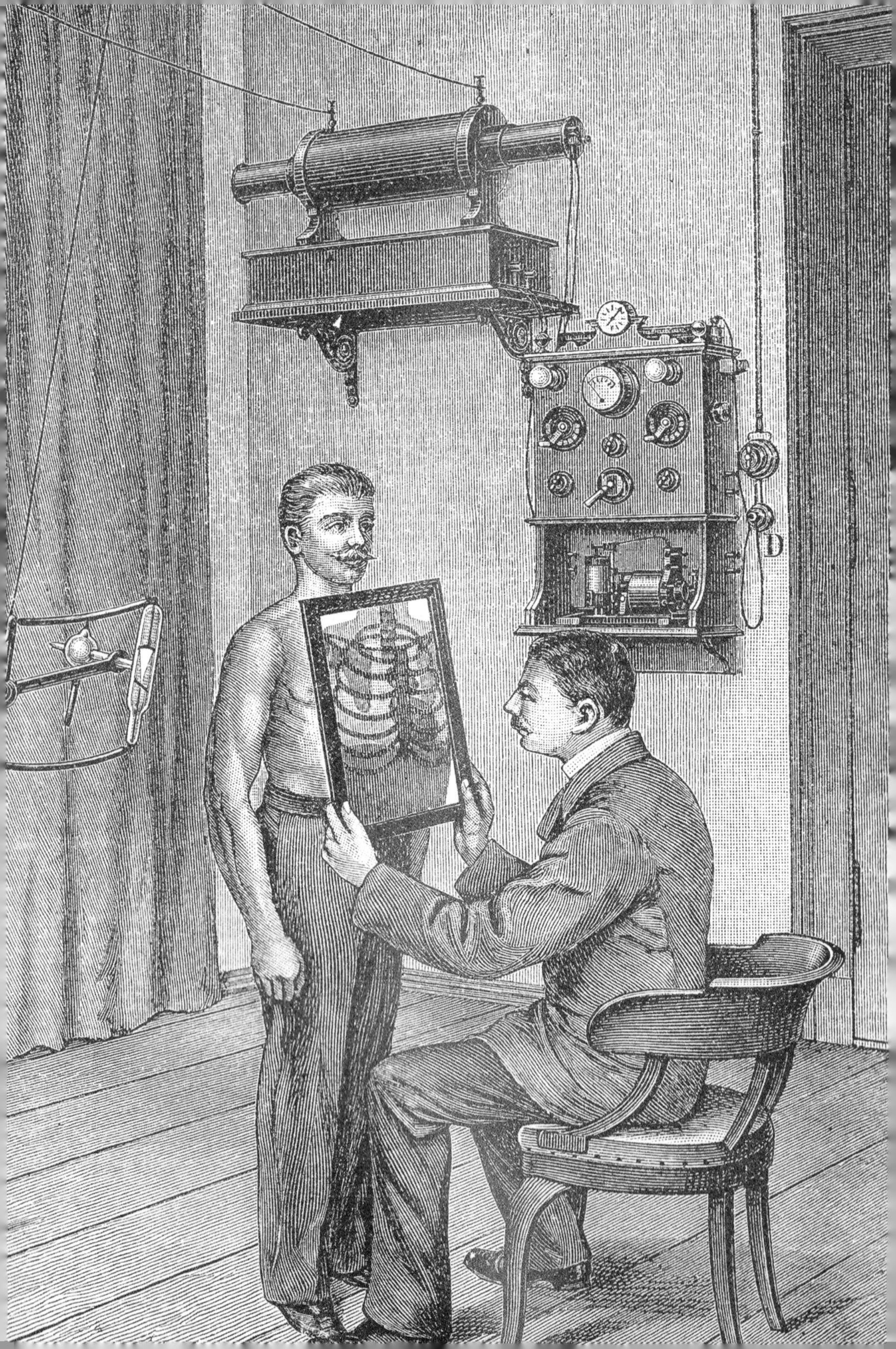
D

03

사회와 아픔

역사가 만든 질병, 질병이 만든 역사

위생의 시대 그 후

만들어진 질병

정상성과 비정상성

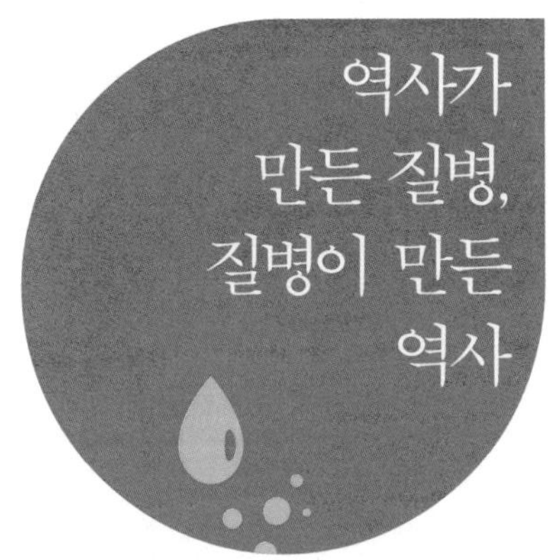

역사가 만든 질병, 질병이 만든 역사

'삐용'이라는 곤충을 들어 보셨나요? 이 독특한 이름을 가진 곤충은 '파리'입니다. 몇 년 전, 아마존에 관한 다큐멘터리에 등장해 화제가 되었던 놈들입니다. 삐용은 이름만큼이나 독특한 파리입니다. 이 파리는 사람의 피를 빨아 먹습니다. 마치 모기처럼 말이죠.

다큐에는 이 파리에 수백 방을 물려 괴로워하는 우리나라 제작진들의 모습이 방영되었습니다. 삐용에 물리면 정말로 죽도록 가렵다고 합니다. 피가 날 때까지 긁는 것은 보통이고, 머릿속에 손을 집어넣어 뇌를 긁고 싶은 정도라고 합니다. 결국 제작진 중 한 명은 염증이 심해져 긴급하게 병원으로 이송돼 치료를 받아야 했습니다.

아마존 원주민들은 이런 제작진들을 안쓰럽게 바라봤습니다. 그런데 뭔가 좀 이상했습니다. 원주민들은 멀쩡했던 겁니다. 우리나라 제작진들처럼 붉게 올라온 자국도 없었고, 가려움에 몸을 긁어 대지도 않았습니다. 마치 삐용이 일부러 우리나라 사람들만을 골라서 공격한 듯 보였습니다.

이와 비슷한 일이 16세기 초, 남아메리카에서도 일어났었습니다. 그러나 상황은 이것과는 정반대였습니다. 문제가 발생한 것은 아마존 원주민들, 그러니까 방문을 받은 쪽이었습니다. 정확히 말하면 그것은 방문이 아닌, 침략이었지만 말입니다.

인디언들만을 골라 죽이는 저격수, 천연두

1519년, 600여 명의 스페인 군사를 이끈 코르테스가 남아메리카의 아스텍 제국을 공격했습니다. 그건 무모한 도전이었습니다. 아스텍은 인구가 수천만에 이르렀고, 대부분의 성인은 뛰어난 전사였습니다. 결국 코르테스 부대는 3분의 2에 달하는 군사를 잃고, 겨우 해안으로 도망가 목숨을 구했습니다.

그럼에도 코르테스는 두 번째 침략을 감행했습니다. 이번에도 아스텍인들은 스페인에 맞서 격렬하게 싸웠습니다. 그러나 이번에는 1차 전쟁 때와 달랐습니다. 코르테스의 부대에 신출귀몰하며 아주 잔혹한 저격수 한 놈이 숨어 있었던 겁니다. 이놈은 아스텍인들만을 골라 무참히 살해하는 괴물 같은 저격수였습니다. 이 저격수의 이름은 다름 아닌 '천연두'였습니다.

1520년, 스페인령 쿠바에서 천연두에 감염된 노예 한 명이 멕시코에 도착했습니다. 그때부터 시작된 이 감염병은 아스텍족 인구 절반을 몰살시켰습니다. 죽은 사람 중에는 당시 아스텍의 왕도 있었습니다. 묘한 점은 천연두가 스페인 사람들은 건드리지 않았다는 겁니다.

아스텍인들에게 그 병은 오로지 자신들만을 재물로 삼는 듯 보였습니다. 신은 아스텍인들을 버리고, 저 스페인군을 선택한 걸까요? 아스텍 인디언들의 마음은 요동쳤습니다. 얼마 남지 않은 전사들마저 사기가 땅에 떨어졌습니다. 그렇게 코르테스는 아스텍을 점령하게 됩니다. 그러나 그 후에도 이 저격수는 활동을 멈추지 않았습니다. 1618년까지 천연두는 아스텍 인구를 처음의 2000만 명에서 160만 명 정도로 바꿔 버렸습니다.

북아메리카 인디언의 경우도 아스텍과 비슷했습니다. 아메리카로 이주한 유럽인들은 아메리카가 비어 있는 땅이었고, 자신들은 그런 빈 땅을 잘 사용하게 된 것뿐이라고 주장하곤 합니다. 하지만 그건 사실이 아닙니다. 아메리카는 수천 년 전부터 수많은 인디언들의 삶의 터전이었습니다. 유럽인들은 버려진 빈집에 조용히 들어가 자신들의 살림살이를 풀어 놓은 것이 아닙니다. 그들의 정착은 하나의 침략으로, 아메리카 원주민들을 삶의 터전으로부터 몰아내지 않고는 불가능했습니다.

하지만 유럽인들이 아메리카를 비어 있는 땅으로 여기는 것에도 나름의 이유가 있습니다. 실제로 많은 유럽인들이 아메리카로 이주해 들어갔을 때, 그곳은 거의 빈집과 다름없었습니다. 그들이 도착했을 때의 북아메리카는 한두 세기 전 콜럼버스가 도착했던 그곳과는 완전히 달랐습니다. 그동안 인디언 인구가 최대 95%가 감소한 것입니다. 여기에도 천연두라는 저격수의 잔혹한 살인이 개입했습니다. 예를 들어 1837년 북아메리카에서 가장 정교한 문화를 가졌던 만단족 인디언은 천연두로 인해 몇 주 사이에 인구가 2000명에서 40명으로 줄었습니다. 히스파니올라 인디언의 경우는 콜럼버스가 도착했을 무렵 인구가 800만이었는데 그로부터 30년쯤 지나서는 그곳에는 아무도 남지 않았습니다. 이번에도 천연두는 인디언만을 골라 죽이는 저격수로서 자신의 역할을 충실히 했습니다.

아메리카 대륙을 휩쓸고 지나간 천연두. 이 때문에 아메리카에 도착한 유럽인들은 사람이 거의 살지 않는 광활한 땅과 마주하게 되었던 겁니다. 그들은 대포와 총을 앞세워 대대적인 전투를 할 필요도 없었습니다. 그 전투는 그들이 도착하기 전, 이미 벌어졌습니다. 그들이 한두 세기 전 심어 놓은 저격수, 바로 천연두에 의해서 말이죠.

새로운 문명, 새로운 질병

천연두는 어떻게 인디언들만을 골라서 퍼져 나갔을까요? 천연두 바이러스가 인디언들만을 선택하는 기준이 된 것은 '역사'였습니다. 천연두를 겪어 본 역사가 있느냐 없느냐. 천연두에 대한 면역력을 가지고 있느냐 없느냐가 이 보이지 않은 전쟁을 이끈 원인이었습니다. 유럽인들은 천연두를 겪은 오랜 역사를 가지고 있습니다. 그래서 이에 대해 어느 정도 면역력이 있었습니다. 심지어 이 바이러스를 몸에 가지고는 있지만 발병은 하지 않는 보균자들도 많이 있었습니다. 하지만 인디언들은 달랐습니다. 그들은 유럽인들이 가져온 그 질병과 함께 살아 본 적이 없습니다. 다시 말해 인디언들에게는 그 질병과 함께한 역사가 없는 것이죠. 이 때문에 천연두가 인디언들만을 골라서 괴롭히고 죽이는 듯 보인 겁니다.

천연두만이 아닙니다. 수많은 감염성 전염병들이 유럽인들과 함께 아메리카 대륙을 찾아왔습니다. 그리고 이 예기치 않았던 저격수들은 사방에서 인디언들을 공격했습니다.

이번에는 1차 전쟁 때와 달랐습니다. 코르테스의 부대에 신출귀몰하며 아주 잔혹한 저격수 한 놈이 숨어 있었던 겁니다.

이놈은 아스텍인들만을 골라 무참히 살해하는 괴물 같은 저격수였습니다.

이 저격수의 이름은 다름 아닌 '천연두'였습니다.

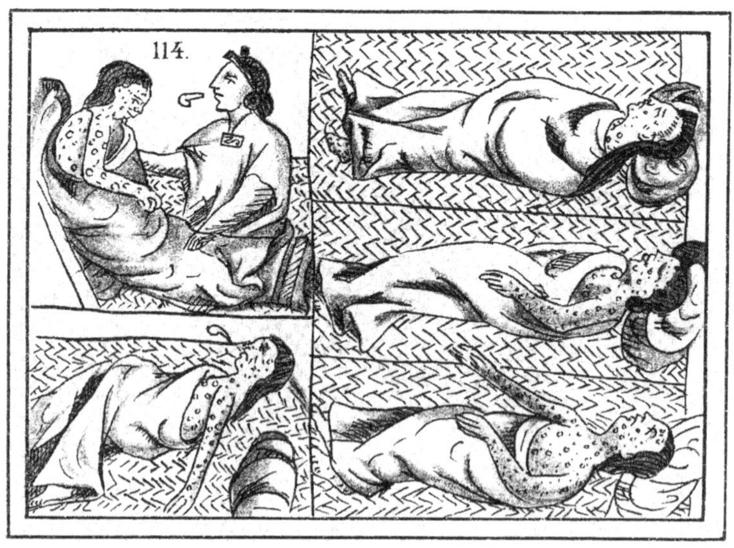

> 인디언들이 죽은 주된 요인은 구세계의 병원균이었다. 인디언들은 그런 [대중성] 질병에 노출된 적이 없었으므로 면역성이나 유전적인 저항력이 전혀 없었다. 살인적인 질병의 1위를 놓고 다투었던 것은 천연두, 홍역, 인플루엔자, 발진 티푸스 등이었고, 그것으로도 충분하지 않았다는 듯 디프테리아, 말라리아, 볼거리, 백일해, 페스트, 결핵, 황열병 등이 그 뒤를 바싹 따랐다. 병원균이 보인 파괴력을 백인들이 직접 목격한 경우도 헤아릴 수 없이 많았다.
>
> — 제레드 다이아몬드, 『총,균,쇠』

아메리카 인디언들은 유럽인들이 가져온 일종의 생화학 무기에 속절없이 쓰러진 것입니다. 물론 유럽인들은 자신들이 이런 생화학 무기를 가지고 있는지 몰랐지만 말이죠. 더욱이 이 생화학 무기는 오직 인디언들에게만 작동하는 그런 무기였습니다. 이런 일이 생긴 이유는 인디언들이 유럽인들과는 매우 다른 생활양식 속에서 살아왔기 때문입니다. 이 차이를 만든 중요한 요인 중 하나는 '가축화된 동물'입니다. 인류의 주요 사망 원인이 되었던 유행성 감염병들은 동물의 질병에서 왔습니다. 그런데 유럽인들과 인디언들은 함께 살았던 동물들이 서로 달랐던 겁니다.

유럽을 비롯한 유라시아 사람들은 일찍부터 여러 동물들과 함께 생활했습니다. 이에 비해 남북아메리카에는 그렇게 이웃 삼아 살 동물들이 드물었습니다. 가축화할 동물들이 별로 없었던 것이죠. 아메리카에서 가축화에 성공한 동물은 칠면조, 라마/알파카, 기니피그, 사향 물오리, 개, 이렇게 5종밖에 되지 않았습니다.

더욱이 이런 가축들의 특징은 유행성 감염병과는 거리가 멀었습니다. 사향 물오리나 칠면조는 살을 부비며 막 안아 주고 싶은, 그러니까 신체 접촉을 많이 하게 되는 동물이 아닙니다. 라마/알파카는 유라시아의 가축화된 동물들과 비슷해 보이지만, 이들에게서 얻은 전염병은 하나도 없습니다. 라마/알파카는 작은 무리를 이루고, 숫자가 적으며, 인디언들이 그 젖을 먹는 일도 없으며, 실내에서 키우지도 않았기 때문입니다. 의심이 되는 것은 기니피그인데, 현재까지는 그놈들로부터 확인된 전염성 질병은 없다고 합니다.

또 인디언들은 전염병이 쉽게 퍼지기 쉬운 조건인 대도시라는 생활양식을 갖고 있지 않았습니다. 대부분의 인디언들은 소규모 집단을 이루고 살아갔습니다. 스페인 군대가 만난 아스텍 문명처럼 사람들이 대규모로 모여 사는 경우도 유럽의 대도시적 삶과는 달랐습니다. 유럽의 대도시는 좁은 지역에 밀집된 주거 공간을 가지고 있었습니다. 한마디로 도시 안에 사람들이 빼곡히 들어차 있었습니다. 그러나 광활한 아메리카 대륙에서는 그런 밀집된 도시를 이루지 않았습니다.

이처럼 인디언들의 역사에는 천연두와 같은 감염병이 생겨나고, 또 그런 질병들이 대규모로 유행할 수 있는 조건이 마련되어 있지 않았습니다. 결국 유럽인들과의 이런 역사의 차이가 질병의 차이를 만들었습니다. 그리고 16세기, 두 문명의 충돌은 질병의 충돌을 일으킨 겁니다.

역사가 만든 질병, 질병이 만든 역사

이제 우리는 왜 삐용이 우리나라 제작진만을 골라 괴롭히는 것처럼 보였는지 알 수 있습니다. 사실 삐용은 아마존 원주민들도 물었습니다. 하지만 원주민들은 과거 오랜 시간을 삐용과 함께 살아왔고, 그랬기에 삐용에 대한 면역력을 가지고 있습니다. 반면 우리나라 제작진은 삐용과 살아 본 경험이 없었습니다. 그래서 유독 제작진만 고생을 한 것처럼 보인 것뿐이죠.

우리나라 제작진들은 아마존의 문명을 취재하러 갔지만, 그 문명 속에 자리한 질병 또한 만날 수밖에 없었습니다. 질병은 그 문명을 만든 역사의 한 단면이었기 때문입니다. 아마존에는 지금도 아마존만의 역사에 의해 만들어진 질병, 즉 풍토병이 아주 많습니다. 이 풍토병들로 인해 아마존 원주민만큼 그곳에서 산 역사가 길지 않는 한, 아마존에서 제대로 생활하기란 불가능합니다. 그리고 바로 이런 이유로 아마존은 개발을 피해 원시림으로 남아 있을 수 있었습니다. 그 질병들이 아마존의 원시림을 지킨 방어군이었던 셈이지요. 16세기에는 이와 반대되는 현상이 일어났던 겁니다. 만약 유럽인들이 가져온 질병들이 없었다면 아메리카 대륙은 어떻게 되었을까요? 그 질병들이 없었다면 역사는 아주 다른 방향으로 흘러가지 않았을까요?

문명이란 인간이 만든 기술과 제도만을 의미하지 않습니다. 하나의 문명은 오랜 역사의 결과물이며, 그 역사 속에는 질병 또한 들어 있습니다. 각각의 문명은 그들만의 독특한 질병을 가지고 있으며, 그 질병의 대처법을 몸에 새기고 있습니다. 그렇기에 한 문명이 다른 문명과 접촉하게 되면, 그 문명의 질병 또한 유입됩니다. 그렇게 되면 이제 역사의 주도권은 질병에게 넘어갑니다. 아메리카 대륙처럼 질병으로 인해 새로운 역사가 쓰이게 되는 것이죠. 이처럼 역사는 질병을 만들고, 질병은 역사를 만듭니다.

위생의 시대 그 후

19세기 무렵, 유럽에는 새로운 질병이 유행하기 시작했습니다. 고대 의학 문헌에는 등장하지 않던 이 병이 처음으로 기록된 것은 10세기경이었습니다. 그러나 당시만 해도 이 병은 매우 드물게 나타났습니다. 그러던 것이 17세기부터 심심치 않게 등장하다가 19세기에 들어서자 유행병처럼 사람들 사이에 번져 나가기 시작했습니다.

이 병에 걸리는 사람들은 주로 귀족층이나 신흥 부호 같은 상류층 사람들이었습니다. 오히려 빈민가에 사는 사람들 사이에서는 이 병이 전혀 발견되지 않았습니다. 1873년, 이 병을 조사했던 영국 의사 찰스 블랙클리는 이 병이 주로 배운 사람들에게 나타난다는 점을 발견하기도 했습니다. 그래서 블랙클리는 이 병을 '지식

수양을 통해 만들어지는 기질'에 의한 병이라고 말했습니다.

상류층에, 공부를 많이 해서 걸리는 병이라니! '정신적 질병일까?' 하는 생각이 들지도 모르겠습니다. 하지만 이 병의 증상은 콧물을 흘리고 재채기를 해 대는 것이랍니다. 그것도 여름에 시골로 소풍이나 휴가를 떠난 상류층 사람들에게서만 나타났지요. 정작 시골에서 농사를 지으며 살아가는 사람들에게서는 그런 증상이 전혀 발견되지 않았는데 말이죠.

이쯤 되면 어떤 병인지 눈치채셨나요? 네, 바로 오늘날 우리가 꽃가루 알레르기라고 부르는 병입니다. 알레르기는 우리 면역계와 관련된 질병입니다. 보통 면역계는 외부에서 들어온 미생물과 이물질로부터 우리 몸을 지키는 역할을 하는 것으로 알려져 있습니다. 이런 면역계에 이상이 생겨 나타나는 병 중 하나가 알레르기입니다.

면역계와 관련된 병으로는 알레르기와 비슷한 호흡기 질환인 천식, 그리고 류머티즘이나 제1형 당뇨와 같은 자가면역질환이 있습니다. 이런 병들 역시 알레르기와 비슷한 시기에 함께 유행하기 시작했습니다. 그리고 알레르기와 비슷한 결론을 보여 주었습니다. 가난한 사람들이 아닌, 잘사는 사람들에게서 주로 이 병이 나타난다는 것이죠.

면역계 질환은 분명 좋은 환경에서 곱게 자란 사람들, 즉 깔끔한 생활 환경을 가진 사람들 사이에서 유행했습니다. 이것은 참으로 이상한 현상이었습니다. 병이라는 것은 더러운 환경, 그러니까 미생물이나 이물질에 접촉하기 쉬운 환경에서 훨씬 잘 걸린다고 여겨졌기 때문이지요. 하지만 새로이 유행한 이 병은 달랐습니다. 이 병에 대한 의사들의 연구는 모두 하나의 사실을 가리키고 있었습니다. '너무 깨끗해서 아프다!'

면역계, 타자와의 실험장

면역계는 우리 몸을 질병으로부터 보호하는 중요한 방어 체계입니다. 질병을 일으키는 미생물이나 이물질이 우리 몸에 들어오지 못하도록 막거나, 이미 침입한 경우에는 이들을 제거하는 역할을 하는 것이지요. 이런 활동을 하기 위해서 면역계에 반드시 필요한 능력이 있습니다. 그것은 외부에서 들어온 '타자'와 '나'를 식별하는 능력입니다. 이 인식 능력을 바탕으로 면역계는 방어 체계를 작동시키게 됩니다.

그렇다고 면역계가 무조건적으로 타자를 거부하는 것은 아니랍니다. 우리 몸에 심각한 위험을 주지 않는 경우, 면역계는 그 타자를 그냥 내버려둡니다. 예를 들면 꽃가루 같은 것이 그런 것이죠. 하지만 타자에 대해 이런 허용적인 면역계를 갖지 못한 사람들은 꽃가루에 과민 반응을 하게 됩니다. 별다른 위험이 없음에도 심한 경계경보를 울리고, 꽃가루를 쫓아내기 위해 면역계가 활동합니다. 쉴 새 없이 콧물을 흘리고, 재채기를 하는 방어 활동을 통해서 말이죠.

이처럼 면역계가 타자에 예민하게 반응하느냐, 아니면 허용적이 되느냐는 선천적으로 결정되는 게 아닙니다. 우리는 미완성인 면역계를 가지고 태어납니다. 다시 말해, 나와 타자를 식별하는 인식 능력이 제대로 갖추어지지 못한 채 태어나는 겁니다. 면역계의 인식 능력은 성장하면서 발달합니다. 주변 환경과의 다양한 상호 작용을 하는 과정에서 면역계는 어떤 타자가 위험하고 어떤 타자가 그렇지 않은지를 배워 나가는 것이죠. 그리고 별다른 위험이 없다면, 그런 타자들을 허용하는 쪽으로 면역계가 자리를 잡게 됩니다.

그렇기에 어린아이들의 면역계는 타자와의 관계를 배워 나가는 하나의 실험장입니다. 이 실험은 될 수 있으면 타자에게 허용적인 방향으로 향합니다. 우리는 수많은 타자들과 함께 살아가야 하고, 그렇기에 가능한 한 타자들과 같이 살아가는 신체가 되는 것이 유리하기 때문입니다. 특히 어린아이들의 몸은 이런 실험이 활발하게 일어나도록 되어 있습니다.

어린 시절 면역계가 벌이는 이런 실험의 중요성은 곳곳에서 나타납니다. 가족 수가 많은 집에서 자란 아이들은 알레르기나 천식 같은 면역계 이상으로 인한 호흡기 질환에 잘 걸리지 않습니다. 여러 미생물이나 이물질과 접촉할 기회가 많아서 더 활발한 실험을 거치게 되고, 그 결과 허용적인 면역계를 갖게 되기 때문입니다. 더욱이 남자 형제가 있는 아이들은 그 발병 확률이 매우 낮아진다고 합니다. 아무래도 남자 아이들이 더 활발하게 놀고, 그래서 더 더러워지기 쉽기 때문에, 동생들에게 더 많은 실험 기회를 주게 되기 때문일 겁니다.

농촌에 사는 아이들이 이런 질환에 잘 걸리지 않은 이유도 마찬가지입니다. 처음 면역계 질병이 유행했을 때, 의사들은 농촌 아이들에게서 이 병이 잘 나타나지 않은 이유가 깨끗한 공기 때문이라고 생각했습니다. 하지만 대기 오염이 이 병과는 상관없다는 결과가 속속 나타났습니다. 농촌 아이들이 알레르기나 천식에 걸리지 않는 이유는 다른 데 있었습니다. 이 아이들은 흙 놀이를 하고 가축들과 자주 접촉했습니다. 그럼으로써 면역계가 다양한 실험을 할 수 있었고, 결과적으로 도시 아이들에 비해 허용적인 면역계를 갖게 된 것이었습니다.

도시 아이들은 정반대의 환경에 있었습니다. 같이 뒹굴고 놀 형제자매들이 적었고, 흙 놀이는 거의 할 수 없었으며, 나무들이나 동물들과 가까이할 기회도 적었습니다. 이렇게 실험 기회가 줄어

깨끗한 환경은 분명 우리를 괴롭히던 많은 질병들을 막아 주었습니다. 하지만 그런 위생적인 생활은 또 다른 질병을 불러들였습니다. 그것은 타자에 대해 과민 반응을 보이는 몸, 나 아닌 것들을 밀어내기 바쁜 몸이 겪어야 하는 아픔입니다.

든 결과가 알레르기나 천식으로 나타난 것이지요.

깨끗한 환경은 분명 우리를 괴롭히던 많은 질병들을 막아 주었습니다. 하지만 그런 위생적인 생활은 또 다른 질병을 불러들였습니다. 그것은 타자에 대해 과민 반응을 보이는 몸, 나 아닌 것들을 밀어내기 바쁜 몸이 겪어야 하는 아픔입니다. 생명은 결코 자신과 딱 들어맞는 타자들과만 살도록 진화하지 않았습니다. 그런 편협함은 삶을 살아 나가는 데 무능력하기 때문입니다. 생명은 오히려 가능한 한 다양한 타자들, 나와 다른 타자들과 살아가도록 적응해 왔습니다. 그리고 면역계는 방어 체계 이전에 이 적응의 결과물입니다.

타자, 면역계에 브레이크를 걸다

알레르기와 비슷하지만, 우리 몸과 타자와의 관계를 좀 더 깊이 고민하게 만드는 질병이 있습니다. '자가면역질환'으로 불리는 이 병은, 우리 몸을 지키기 위한 면역계가 오히려 우리 몸을 공격해서 생기는 질병입니다. 이 질병에 걸리면 면역계는 콩팥이나 갑상선, 또는 췌장을 파괴하기도 하고, 때로는 피부 결합 조직을 못 쓰게 만들기도 합니다. 우리 주위에서 흔하게 볼 수 있는 자가면역질환으로는 류머티즘이 있는데, 이는 관절 조직을 파괴하는 면역계의 이상 활동 때문에 생깁니다. 이런 자가면역질환은 20세기 후반에 들어서 급격한 증가세를 보이기 시작했습니다.

자가면역질환은 의학계에 하나의 질문을 던졌습니다. 면역계는 어떻게 자기 자신과 타자를 구별하는가, 하는 문제입니다. 이 질병이 유행하던 초기, 의사들은 한 종류의 면역반응세포가 공격할 대상과 공격하지 말아야 할 대상을 식별한다고 생각했습니다. 그래서 이 면역세포의 이상을 자가면역질환의 원인으로 지목했습니다.

하지만 문제는 좀 더 복잡했습니다. 초기 의사들이 주목했던 면역세포는 오로지 공격성만을 가지고 있었습니다. 다시 말해, 그 면역세포들에게는 공격 대상을 걸러 내는 능력이 없었던 겁니다. 그렇다면 면역계는 어떻게 공격하지 말아야 할 대상을 선택하게 되는 것일까요? 답은 조절면역세포라고 불리는 또 다른 세포가 가지고 있었습니다. 조절세포가 공격적인 면역세포들이 함부로 활동하지 못하도록 막아 주고 있었던 것이죠. 자가면역질환은 이런 조절세포의 부족으로 파괴적인 면역세포들이 날뛰게 되어 생겼던 겁니다.

이렇게 공격 중지 명령을 내리는 조절세포가 없을 때, 자가면역질환이 일어납니다. 오로지 공격만을 외치며 내달리는 폭주 기관차를 막을 브레이크가 없는 것이죠. 이 브레이크는 타자와의 부침을 겪는 과정에서 만들어집니다. 치명적인 성격을 갖지 않는 타자와의 오랜 동거가 면역세포를 관용적이 되도록 성숙시키는 겁니다. 만약 이런 타자와의 부침이 없다면, 면역계는 공격성이라는 한쪽 방향으로만 발달해서 우리 자신까지도 파괴하는 결과를 가져옵니다.

면역계에게 타자는 그저 같이 살면 좋고 아니면 마는 그런 존재에서 그치지 않습니다. 우리 몸은 항상, 매일 불가피하게 우리와 함께할 수밖에 없는 타자들을 우리 삶에 없어서는 안 되는 존재로 바꾸어 놓았습니다. 우리 몸이 과민 반응을 보이며 무차별적 공격을 퍼붓는 것을 진정시키는 힘을 타자들로부터 얻는 것이죠. 런던 대학교의 미생물학자인 그레이엄 룩은 면역계의 이런 타자들을 '오랜 친구들'이라 부릅니다. 우리 몸이 오랜 친구들 덕분에 관용 능력을 갖춘 성숙한 면역계로 변화될 수 있기 때문입니다. 그렇기에 어쩌면 자가면역질환은 위생의 시대 이후, 오랜 친구들과의 결별이 만들어 낸 아픔이 아닐까요.

타자를 거부하는 몸, 나를 파괴하는 나

위생 관념은 우리 몸을 넘어 정치적 문제와도 연결됩니다. 코넬 대학교 심리학과 교수인 데이비드 피자로는 더러운 것에 대한 민감도와 도덕적·정치적 성향의 상관관계를 조사했습니다. 그에 따르면, 위생 관념과 정치적 성향은 밀접한 상관관계를 보입니다. 그의 실험에 참가한 사람들은 더러운 것에 민감할수록 정치적으로 보수적이었습니다. 또한 손 씻는 모습이 찍힌 표지판 옆에서, 그러니까 위생 관념을 떠올리는 환경에서 정치적 질문을 받았을 때, 참가자들은 좀 더 보수적 성향으로 기울었습니다.

물론 정치적으로 보수라는 것에는 많은 층위가 있습니다. 하지만 '보수'라는 말 그대로, 이는 변화보다는 기존의 것을 고수하려는 힘, 자신을 지키려는 쪽에 더 강한 성향을 나타내는 것으로 이해할 수 있습니다. 그렇다면 피자로의 연구 결과는 면역계 이상에서 벌어지는 일과 정치적 현상의 상관관계를 보여 준다고 생각할 수 있습니다.

위생 관념은 수많은 장점들과 더불어 우리 삶에 새로운 흐름을 만들어 냈습니다. 그것은 무엇보다 타자와의 접촉에 대한 두려움과 관련됩니다. 내가 아닌, 내 외부의 모든 것들을 위험으로 인지하는 것. 그래서 철저하게 타자를 배제하고 나를 지키려 드는 것. 그렇게 항진된 내가 나 자신을 공격하는 힘으로 작동하는 현실. 프랑스의 철학자 질 들뢰즈는 이것이 몸으로 드러나면 알레르기나 자가면역질환이 되고, 사회·정치적으로 드러나면 파시즘이나 핵 정책으로 나타난다며 위생과 관련된 질병의 문제를 좀 더 넓은 시야에서 바라볼 것을 주문합니다.

이런 면에서 지금 우리 시대, 어쩌면 우리에게 위험한 것은 타자라기보다는 우리 자신일지도 모르겠습니다. 타자를 거부하고 내 안에 들어앉아 과도한 방어 체계를 작동시키는 우리 자신 말이죠. 면역계 질환이 보여 주듯, 결국 이런 우리에게 돌아오는 것은 우리 자신의 파괴일 겁니다. 의사이자 면역학자인 루이스 토머스는 이런 점에 대해 우리의 주의를 환기시킵니다.

> 세균에 대항하는 (인체의) 무기들은 대단히 강력하며, 여러 다양한 방어 메커니즘과 연관되어 있다. 따라서 우리에게 이 무기들은 침입자보다 더 위험하다. 우리는 지뢰밭 한가운데에 살고 있는 셈이다. ―의사/면역학자 루이스 토머스, 1978.
>
> ― 제시카 스나이더 색스, 『좋은 균 나쁜 균』에서

우리 문제는 타자가 존재한다는 사실 그 자체에서 오는 것이 아닙니다. 타자에 대한 우리의 두려움은 타자와 '어떻게' 관계를 맺어야 할지 모른다는 데서 생깁니다. 작은 다툼이 생겨도 해결하지 못해 큰 상처를 입게 되고, 아니면 극도의 분노로 표출되어 나도 타자도 엉망이 되어 버립니다. 이런 일을 피하기 위해 우리는 타자와 깔끔한, 위생적 관계를 맺으려 듭니다. 타자가 내 삶에 깊

숙이 들어오지 못하도록 방어벽을 쌓아 올리는 것이죠. 그러나 그 방어벽 안에서 우리는 다시금 고통 속에 빠져듭니다. 혼자라는 불안감, 마음 둘 곳이 없다는 절망감이 찾아오는 겁니다. 그리고 이 불안감과 절망감이 삶을 완전히 장악해 버리는 순간, 스스로 생을 마감하는 일까지 벌어집니다.

생명으로 살아간다는 것은 언제나 타자와 함께 살아간다는 의미입니다. 타자와의 삶은 피할 수 없는 현실, 즉 우리의 조건입니다. 면역계는 이 조건 앞에서 생명이 어떤 놀라운 변이를 일으켰는지를 보여 줍니다. 면역계는 타자와의 활발한 실험이 일어나도록 몸을 작동시킬 뿐 아니라, 한쪽 방향으로만 내달리는 스스로를 멈추는 힘으로 타자를 이용했습니다. 그것은 그레이엄 룩이 말한 대로, '피할 수 없는 것을 필수적인 것'으로 바꾸어 놓는 일이었습니다. 위생의 시대 이후, 내 안에 갇혀 나를 파괴하는 지금의 우리가 던져야 할 질문이 무엇인지를 말해 주는 지점입니다.

지금 우리 시대, 어쩌면 우리에게 위험한 것은 타자라기보다는
우리 자신일지도 모르겠습니다. 타자를 거부하고 내 안에 들어앉아
과도한 방어 체계를 작동시키는 우리 자신 말이죠.

만들어진 질병

'필요는 발명의 어머니'라는 말이 있습니다. 우리가 살아가면서 느끼는 불편함을 개선하려는 노력으로부터 새로운 발명이 일어난다는 의미입니다. 예를 들어, 한 양치기 소년이 양이 도망가는 것을 막기 위해 철조망을 발명했고, 한 여성은 깨진 유리 조각을 닦은 걸레를 짜다가 손을 다치자 손을 대지 않고 걸레를 쉽게 빨 수 있는 대걸레를 만들었습니다. 이처럼 새로운 발명품들은 일상의 문제들을 해결하려는 노력의 결과물이었습니다.

물론 이 말이 거꾸로 사용되는 경우도 있습니다. 스마트폰과 같이 새로운 상품이 출현하면, 이에 대한 욕구가 새로이 생겨나는 것이죠. 이처럼 새롭게 발명된 상품들을 사용하다 보면, 우리는 어느새 그런 필요가 있어서 새로운 상품이 만들어졌다는 느낌을 갖게 됩니다. 요컨대, 발명이 필요를 창출한 겁니다. 이쯤 되면 우리는 아무 거리낌 없이 그 상품에 지출을 하게 됩니다.

그런데 이런 일이 의학계에서 일어난다면 어떨까요? 이를테면 새로운 약이 개발되어 이 약을 사용할 질병이 필요해진다면 말이죠. 이런 경우에는 단지 지출이 좀 많아지는 것에서 문제가 끝나지 않을 겁니다. 실제로는 아무런 문제도 없는 건강한 사람들이 환자로 돌변해 약을 복용해야 할 테니까요. 이런 '만약'의 일은 상상만으로도 인상을 찌푸리게 됩니다. 우리 건강과 생명에 직결되는 문제이기 때문입니다. 그러나 안타깝게도 이런 불쾌한 일이 벌어지고 있는 것이 지금 우리의 현실입니다.

만들어진 질병

2012년, 아동발달 심리학의 선구자이자 하버드대 석좌교수인 제롬 케이건은 독일의 대표적인 시사주간 잡지인 〈슈피겔〉과 인터뷰를 했습니다. 83세가 된 이 노년의 학자는 자신의 분야에서 일어나는 일들에 대해 불편한 심정을 감추지 않았습니다. 미국의 정신 의학계가 아이들을 정신 질환자로 만들어 내고 있다는 것이었습니다.

미국의 아이들 8명 중 한 명꼴로 정신 질환을 앓고 있으며, 88명 중 한 명의 어린이가 자폐증 진단을 받고, 40명 중 한 명의 청소년이 항우울증 치료를 받는다는 보고, 그리고 540만 명의 미국 아이들이 ADHD 진단을 받고 상시적으로 약을 먹어야 하는 현실. 제롬 케이건에 따르면, 이런 현실은 질병 그 자체가 실제로 발생한 것과는 관련이 없습니다. 그 수많은 아이들은 사리사욕과 탐욕에 찬 제약 회사와 의학 종사자들에 의해 '만들어진 환자'라는 겁니다.

슈피겔 전문가들은 540만 미국 아이들이 전형적인 ADHD 증상을 보인다고 말합니다. 선생님은 이 정신 질환이 단지 만들어진 것일 뿐이라고 말씀하시는 건가요?

제롬 케이건 그렇습니다. 그것은 만들어진 것입니다. 학교생활을 잘 하지 못하는 모든 아이들은 소아과 의사의 진찰을 받습니다. 그러면 의사는 이렇게 말합니다. "ADHD군요. 리탈린을 받아 가세요." 사실 540만 아이들 중 90%는 비정상적인 도파민 대사를 가지고 있지 않습니다. 문제는, 만약 어떤 약이 의사들에게 사용 가능하게 되면, 의사들은 그것에 상응하는 진단을 내리게 된다는 점입니다.

—〈슈피겔〉 온라인판, 2012년 2월 8일, 제롬 케이건과의 인터뷰에서

과거에는 그저 학교에 적응하지 못하는 말썽쟁이, 공부를 하기 싫어하는 게으른 아이가 지금은 질병에 걸린 환자로 취급됩니다. 생리적으로 아무런 이상 증상이 없음에도 불구하고, 단지 학교생활에 방해가 된다는 이유로 환자가 되는 아이들. 이 아이들이 ADHD라는 진단을 받는 데에는 그에 맞는 약, '리탈린'이 발명되었기 때문입니다.

리탈린은 거대 제약 회사인 '노바티스'에서 생산되는 대표적인 ADHD 치료제입니다. 이 약의 주요 성분은 '메틸페니데이트'로 코카인과 같은 마약성 물질입니다. 이 물질이 처음 합성된 것은 1944년이지만, 당시에는 이 약의 용도를 제대로 찾지 못했습니다. 단지 심한 피로를 느끼거나 우울한 성인들, 또는 정신적 혼란을 겪는 노인들을 대상으로 조금 사용될 뿐이었습니다.

그러던 것이 1960년대 저소득층 흑인 아이들이 다니는 학교에서 이 약을 가지고 실험이 이루어지면서 상황은 급변합니다. 이 실험을 주도한 두 명의 정신과 의사가 아이들에게 약을 먹이자, 아이들의 수업 참여도가 높아지고 교실이 조용해진 것입니다. 실험 결과가 안겨 준 놀라움은 여러 신문들의 기삿거리가 되기에 충분했습니다. 그럼에도 당시까지 이 약의 정확한 적용 증상은 발견되지 않았습니다.

그러나 1960년대 말, 의사들의 묘한 술책이 이 약과 관련해 나옵니다. 그들은 만약 아이들이 이 약을 먹고 효과를 보면 질병이 있는 것이며, 반대로 별다른 반응을 보이지 않으면 건강한 것이라는 주장을 폈습니다. 이는 원인과 결과를 완전히 전도시킨 것입니다. 병에 걸려 약을 먹는 것이 아니라, 일단 약을 먹음으로써 질병을 알아낼 수 있다고 말하기 때문입니다.

이로부터 하나의 질병이 만들어집니다. 이 약이 효과를 발휘하는 증상들에 병명을 붙이기 시작한 것이죠. 처음에는 '기능성 행동 장애'라고 불리는 것이, '극소 정신 기능 장애'로 바뀌고, 1987년 오늘날 사용되는 'ADHD'라는 이름을 갖게 됩니다. 이 과정에서 무엇보다 중요한 역할을 한 것은 이 약을 제조한 제약 회사였습니다.

이 회사가 가장 공을 들인 일은 질병을 알리는 것이었습니다. 그들은 결코 직접적으로 약을 선전하지 않습니다. 자신들을 국민 건강의 계몽자로 자처하며, 질병을 선전하는 것이죠. 아동과 청소년 관련 정신 의학 회의나 관련 연구회를 후원하며 관련 자료를 만들어 배포했으며, 의사와 부모, 그리고 교사들에게 ADHD와 관련된 지침서들을 제공했습니다. 심지어는 ADHD에 걸린 문어가 주인공인 동화책을 출판하기도 했습니다. 그들은 알았습니다. 중요한 것은 눈에 거슬리는 아이들의 행동이 하나의 질병으로 인식되는 일임을요. 이런 인식만 이뤄지면, 약 판매쯤은 자동으로 따라오게 된다는 것을요.

이제 학업에 집중하지 못하고 어른들 눈에 영 못마땅해 보이는 행동을 하는 아이들은 병원을 찾게 됩니다. 교사나 부모, 의사들은 애매하기 그지없는 증상 체크 리스트를 작성합니다. 계획을 잘 세우지 못한다든지, 물건을 잘 잃어버린다든지, 조용히 여가 활동에 참여하거나 놀지 못한다든지, 지나치게 수다스럽다든지, 질문이 끝나지 않았는데 성급히 대답을 한다든지 하는 등의 항목들에 체크가 이뤄지고, 그러면 진단은 끝납니다. 과연 이런 진단표가 어린아이들에게 강력한 향정신성 약물을 먹일 정도의 기준이 될 수 있을까요? 제롬 케이건은 정신과 의사들에게 여타 다른 의사들의 방법대로 진단할 것을 요구합니다. 겉으로 드러난 증상이 아니라, 실제 호르몬 대사에 문제가 있는지 그 원인을 살펴야 한다는 것입니다.

그러나 그 원인이 무엇이든 이 약의 효과는 분명합니다. 교사, 엄마, 의사 모두 더 이상은 자신을 화나게 만드는 그런 아이들의 행동 때문에 괴로워하지 않아도 된다는 것입니다. 이 효과는 너무나 강력해서 산만하고 과격한 아이들의 변화를 본 어른들은 이에 매혹됩니다. 어쩌면 이 약으로 위로를 받고 치유가 되는 쪽은 아이들이 아니라, 그 아이들을 바라보는 어른들인지도 모릅니다. 그렇게 게으른 아이는 병자로 탈바꿈하게 됩니다.

삶이 의학의 대상이 되다

독일의 의학 및 자연과학 저널리스트인 외르크 블레흐는 ADHD라는 병의 원인 자체가 불분명하다고 말합니다. 사실 현재까지도 이 병의 원인은 정확히 밝혀지고 있지 않습니다. 더욱이 그 약으로 인해 어떤 부작용이 일어나는지조차 제대로 규명되고 있지 않은 게 현실입니다. 그럼에도 이 위험천만한 약을 어린아이들에게 처방합니다. 이런 현상에 대해 미국의 정치학자 프랜시스 후쿠야마는 '사회적 통제를 위한 수단'이라고 말합니다. 아이들을 사회가 요구하는 방식으로 길들이려는 수단이라는 것이죠.

제롬 케이건 역시 정신 질환이란 무엇인지 그 근본에 대해 물어야 한다고 이야기합니다.

> 만약 당신이 아이들이나 12세에서 19세 청소년들을 인터뷰하게 되면, 40%의 아이들을 불안이나 우울로 범주화시킬 수 있을 것입니다. 하지만 당신이 좀 더 주의 깊게 살펴보고, 얼마나 많은 아이들이 이로 인해 심각한 건강 악화를 겪는지 조사한다면 그 수는 8%로 줄어들 것입니다. 우울하고 불안한 아이들을 모두 정신 질환이 있는 것으로 그리는 것은 말도 안 되는 바보 같은 짓입니다. 청소년들은 불안하고, 그것이 정상입니다. 그들은 어느 대

학에 진학해야 할지 모릅니다. 그들은 얼마 전 남자친구와 여자친구에게 차였습니다. 슬프거나 불안한 것은 화가 나거나 성적 욕구 불만처럼 삶의 한 부분일 뿐입니다.

—〈슈피겔〉 온라인판, 2012년 2월 8일, 제롬 케이건과의 인터뷰에서

삶을 살아가는 과정에서 우리는 수많은 사건들을 겪습니다. 그리고 그 사건들 중 몇몇은 우리에게 고통을 안겨 줍니다. 그런 고통들은 삶의 한 부분입니다. 그럼에도 오로지 고통스럽다는 이유 하나만으로 그것이 질병으로 취급되곤 합니다. 제롬 케이건의 말대로 청소년은 불안정하고, 그래서 우울한 일도 많이 겪습니다. 그게 청소년입니다. 오늘날에는 이런 정상적인 수많은 아이들이 환자로 둔갑합니다. 제롬 케이건은 이 현상의 의미에 대해 단호하게 말합니다. 그것은 제약 회사와 정신과 의사들, 그리고 이와 관련된 연구를 하는 사람들에게 더 많은 돈을 의미한다고요.

이와 같은 현상은 증상이 애매한 정신적인 문제에 국한되지 않습니다. 오늘날 신체적인 문제에서도 수많은 질병들이 만들어지고 있습니다. 여성들의 자연스러운 삶의 주기인 갱년기가 치료의 대상이 되어 호르몬제를 복용해야 하는 질병으로 다뤄집니다. 새끼를 밴 암말의 소변에서 얻어 낸 에스트로겐으로 만들어진 호르몬제가 대중적 인기를 끌게 된 것은 1960년대였습니다. 로버트

윌슨이라는 산부인과 의사가 이 호르몬제와 관련된 책을 쓰면서, 이 약을 젊음을 유지시켜 주는 묘약으로 묘사한 것입니다. 이 책의 뒤에는 역시 제약 회사가 있었습니다. 윌슨은 여러 곳에서 호르몬 관련 강의를 했고, 그 대가로 제약 회사는 윌슨에게 돈을 건넸습니다. 바바라 반너라는 스위스 의사는 폐경기가 질병으로 명명된 시기가 이 질병의 치료제인 합성 호르몬제가 생산되기 시작한 시기와 정확하게 일치한다는 점을 지적하기도 했습니다.

갱년기를 비롯해 여성이 겪게 되는 생애 모든 주기가 의학의 대상이 되고 있습니다. 생리전 증후군을 치료하는 약이 등장하고, 정기적으로 자궁을 검사해야 하며, 출산의 전 과정은 의학적 대상으로 완전히 자리매김 했습니다. 이런 과정들을 거부하면, 무식한 사람이 되거나 심지어 사이비 종교에 빠진 사람 취급을 받습니다. 하지만 효과가 불분명한 약품들과 진료 행위를 거부하는 것이 과연 불합리한 일일까요? 그 자연스러운 삶의 과정들을 여성 스스로 겪어 내겠다는 것이 그렇게 특별한 일일까요?

제약 회사-의사-환자의 트라이앵글

삶 그 자체의 의학화는 광범위하게 진행되고 있습니다. 남성들의 갱년기 증상이 치료의 대상이 되기도 하고, 일상에서 겪는 가

오늘날에는 정상적인 수많은 아이들이 환자로 둔갑합니다.
제롬 케이건은 이 현상의 의미에 대해 단호하게 말합니다.
그것은 제약 회사와 정신과 의사들, 그리고 이와 관련된
연구를 하는 사람들에게 더 많은 돈을 의미한다고요.

벼운 이상이 치료를 요하는 중한 질병으로 둔갑하기도 합니다. 또는 별다른 증상도 없는 건강한 사람들이 혈액 검사를 통해 위험 인자를 보유한 예비 환자가 되어 약을 복용하기도 합니다. 그런 위험 인자가 실제로 질병의 발생과 관련되는지, 또 그런 예방적 차원의 약이 효력이 있는지 등에 대한 수많은 논란들이 있음에도 말이죠. 이런 상태에서 나날이 위험 인자들의 항목은 많아지며, 그 기준 또한 엄격해지면서, 이제 건강이란 어느 누구도 손에 넣을 수 없는 것이 되어 버린 듯합니다.

이런 현상 뒤에는 국민 건강을 증진한다는 명목으로 질병을 고안해 내는 제약 회사들이 있습니다. 하지만 이는 의사들과 환자들의 암묵적인 동조가 없으면 불가능합니다. 여기서 말하는 의사는 제약 회사의 상술에 직접적으로 동조하는 그런 의사들만을 가리키는 것이 아닙니다. 그런 탐욕스러운 의사는 극소수일 겁니다. 문제가 되는 것은 평범한 의사들이 가진 선의, 어떤 고통이든 덜어 줄 수 있다면 치료를 해 주고 싶다는 마음입니다. 그들은 그 고통이 정말 질병으로 다뤄져야 하는지에 대해서는 별다른 의문을 갖지 않습니다. 그저 선의를 가지고 치료를 권합니다. 하지만 그렇게 건강한 많은 사람들이 환자가 되어 갑니다.

뿐만 아니라 의사를 찾아오는 사람들도 이 현상에 일조를 합니다. 고통을 겪는 사람이든 건강한 사람이든 일단 병원을 찾아온 이상, 이미 그들 머릿속에는 뭔가 문제가 있을 것이라는 생각이 들어 있습니다. 그래서 아이러니하게도 의사에게 병이 있다는 이야기를 들을 때 사람들의 만족도가 높아진다고 합니다. 그들은 이제 환자가 되어 자신들이 느끼는 문제를 누군가 인정해 주고 보살펴 준다는 위로와 함께, 알약 몇 개로 손쉽게 문제를 해결할 통로를 찾았다는 안도감을 갖습니다.

이처럼 제약 회사와 의사, 그리고 환자라는 트라이앵글이 삶을 점점 더 의학의 대상으로 만들고 있습니다. 이 트라이앵글의 중심에는 고통이란 나쁜 것이며, 어떤 식으로든 그 고통을 예방하고 치료해야 한다는 생각이 자리하고 있습니다. 즉, 건강이란 아무런 고통이 없는 상태라고 믿는 것이죠. 하지만 그런 건강이란 삶에서 불가능합니다. 결국 우리에게 돌아오는 것은 도달 불가능한 그 건강을 위해 끊임없이 병원들을 순례해야 하는 또 다른 고통일 뿐입니다.

의학은 삶을 건강하게 만들기 위한 인간의 오랜 노력의 산물입니다. 하지만 오늘날의 현대 의학은 역설적이게도 삶을 질병으로 가득 채워 놓았습니다. 정신과 질병의 경우, 2차 세계대전 이후 그 종류가 25가지에서 395가지로 증가했습니다. 물론 이 중에는 급변한 사회와 함께 찾아온 실제적인 질병들도 있을 것입니다. 하지만 이런 증가는 무엇보다 거대 제약 회사들과 의학계의 탐욕을 말해 주는 것이며, 우리가 삶에서 겪게 되는 자연스러운 고통들을 스스로 통과할 수 있는 지혜와 능력을 잃어버렸음을 반증하는 것입니다.

한 성형외과 의사는 불리한 외모가 질병이 될 수 있다고 이야기 합니다. 그저 눈이 좀 작거나, 코가 뾰족하지 않은 것, 또는 머리숱이 없어서 고통받고 있다면, 그 고통을 덜어 주는 일이야말로 좋은 일이 아니냐는 것이죠. 하지만 그런 치료 이전에 우리가 문제 삼아야 할 것은 그런 외모가 살아가는 데 불리하다 여기는 사회적 인식이며, 그런 외모를 삶의 장애물로 여기는 마음입니다.

제약 회사들은 우리의 이런 마음에 기대어 있습니다. 삶에 아무런 고통도 없기를 바라는 마음, 삶에서 마주하는 문제를 의료적 조치를 통해 손쉽게 해결하고자 하는 욕망, 그리고 치료를 위한 것이라면 무엇이든 좋다는 인식. 이에 대해 우리가 의문을 던지지 않는 한, 제약 회사들은 질병 고안자로서 자신의 역할을 계속해 나갈 것입니다.

정상성과 비정상성

사회적으로 충격을 준 범죄자들을 다룬 기사에는 그 사람이 왜 범죄를 저질렀는지에 대한 이야기가 실리곤 합니다. 이때 단골로 등장하는 것이 어린 시절에 대한 이야기입니다. 결손 가정이라든지, 부모가 있기는 했으나 폭력적이거나 아이를 방치를 해서 범죄자가 되었다는 설명입니다. 우리는 이런 기사를 보며 고개를 끄떡이곤 합니다. 맞아, 어릴 때 부모야말로 인성교육에 가장 중요한 요소지, 라면서 말입니다.

평범한 사람들도 성인이 되어서 생기는 자신의 문제들에 대한 원인을 어린 시절에서 찾곤 합니다. 어릴 때 엄마나 아빠로부터 제대로 사랑을 받지 못했고, 이로 인해 상처를 받아서 성인이 되어서도 사람들과 관계를 맺는 데 어려움을 느낀다고 이야기하는

17세기까지만 해도 서구 사회에서는
오늘날 우리가 생각하는 그런 아동이란 없었습니다.
영아 사망률이 높던 시기에, 아이들은 신체적으로 자립할 수 있게 되면
성인과 마찬가지로 한 인간으로 여겨졌습니다.

겁니다. 이처럼 오늘날 우리에게 어린 시절 부모와의 관계는 삶의 결정적 요인으로 인식되고 있습니다.

이러한 인과 관계는 오늘날의 우리에게는 의심할 여지가 없는 자연법칙으로 느껴집니다. 그러나 이런 인과 관계가 성립하려면 두 가지의 커다란 전제가 필요합니다. 하나는 '아동기'라는 전제이고, 다른 하나는 '부모의 교육'이라는 전제입니다. 그리고 이 두 전제는 지극히 사회·역사적인 것입니다.

> (……) 중세 사회에는 아동기에 대한 의식이 존재하지 않았다. 그렇다고 아이들이 무시되거나, 버림받거나 혹은 경멸당했다는 것은 아니다. 아동기에 대한 의식을 아이들에 대한 애정과 혼동해서는 안 된다. 아동기에 대한 의식은 아이의 독자성에 대한 의식과 일치하는 것이며, 이러한 독자성은 아이는 어른이나 젊은이와 본질적으로 구분된다는 것을 의미한다. 중세에는 이러한 의식이 존재하지 않았다. 그리하여 아이는 어머니나 유모의 끊임없는 염려 없이도 살아갈 수 있게 되자마자, 어른과 구별되지 않고 곧장 어른의 세계에 합류했다.
>
> — 필립 아리에스, 『아동의 탄생』에서

17세기까지만 해도 서구 사회에서는 오늘날 우리가 생각하는 그런 아동이란 없었습니다. 영아 사망률이 높던 시기에, 아이들은 신체적으로 자립할 수 있게 되면 성인과 마찬가지로 한 인간으로 여겨졌습니다. 그저 몸집이 작고 힘이 약한 한 인간으로 대우받은 것이죠. 그래서 아이는 어른들 속에 섞여 일과 놀이를 공유했습니다. 오늘날 성인들 사이에서 각각이 가진 신체적 조건이나, 재능 또는 능력에 따라 서로 다른 역할을 하며 살아가듯, 아이들은 자신에게 걸맞은 역할을 찾아 어른들과 섞여 살아갔습니다.

또한 이때 아이들은 자기 가족이 아닌, 다른 가족들과 함께 생활했습니다. 부모와의 친밀한 관계가 삶에 별 도움이 되지 않는다고 생각했기 때문입니다. 특히 엄마는 아이를 돌보는 데 부적격자로 여겨졌습니다. 너무 감성적이고 과잉보호를 한다는 이유에서였습니다. 이로 인해 아이가 독립적 인격체로 자라는 데 방해를 받고 결국에는 사회적 관계에 어려움을 겪는다고 생각한 겁니다.

아마 이 시대 사람들이 어떤 범죄가 어린 시절 부모와의 관계로 인해 벌어졌다는 식의 설명을 듣게 된다면 하나같이 고개를 갸우뚱할 것입니다. 이뿐만 아니라, 그 누구도 어릴 때 부모에게 받지 못한 애정을 상처라고 기억하지 않을 겁니다. 어린 시절의 상처를 성인의 삶과 연관 지어 생각하는 것도, 나아가 상처로 기억되는 사건도 모두 특정한 시공간에서만 통하는 이야기입니다.

정상성과 마음의 상처

시간의 흐름 속에서 바라보면, 각각의 사회는 자신만의 가치 규범을 갖습니다. 이런 가치 규범은 우리가 특정 상황에서 어떻게 행동해야만 하는지를 말해 줍니다. 예를 들어, 우리 사회에서는 부모가 아이를 될 수 있는 한 가까이서, 그것도 직접 양육하고자 합니다. 그러나 서구 중세의 부모라면 결코 이렇게 행동하지 않았을 겁니다. 이처럼 각 사회는 나름의 가치 규범들을 가지고 있으며, 이를 그 사회의 '정상성'이라 합니다.

우리가 느끼는 마음의 상처는 이 정상성과 밀접한 관련이 있습니다. 어떤 것이 정상이라는 규준에 들어맞지 않을 때, 무언가 부족하게 느껴져서 마음의 상처로 다가오는 것이죠. 오늘날 아이를 곁에서 돌보지 못하는 부모가 느끼는 묘한 죄책감이나, 그런 부모가 없는 것을 상실감으로 느끼게 되는 것은 바로 우리 사회가 갖는 부모-아이 관계의 정상성에서 벗어나는 일로 여겨지기 때문입니다. 반면 다른 정상성을 가진 서구 중세의 부모나 아이라면 그런 죄책감이나 상처를 갖지 않았을 겁니다.

부부 관계에서의 바람직한 행동 양식 또한 시공간에 따라 달라집니다. 중세 가톨릭 사회에서 부부 사이의 성관계는 아이를 낳는 경우로 엄격히 제한됩니다. 성행위를 생명 탄생을 위한 순결한 행위로 여겼기 때문입니다. 그래서 그 외의 욕망으로, 이를테면 사랑하는 마음 하나로 아내와 관계를 가지려는 남편은 아내를 모욕하는 것이 됩니다. 이런 경우 아내 역시 당연히 상처를 받게 되겠지요.

우리가 자연스러운 본성이라 여기는 것들 중 많은 것이 이러합니다. 우리는 그저 그 사회에서 정상적 행위로 여겨지는 것들을 인간 본연의 자연스러움이라 믿고 있을 뿐입니다. 우리의 상처는 바로 이 정상성이라는 필터를 통해서 작동합니다. 그렇기에 이 필터를 빼고 보면, 거기에는 그저 삶에서 마주친 하나의 사건만이 남게 됩니다. 그리고 그 순간 우리는 비로소 상처에 대해 거리감을 갖고, 이를 이해하며 적절하게 대처할 수 있을 겁니다.

신체적 비정상성이란

한 사회가 가진 정상성은 신체의 문제로까지 이어집니다. 우리에게 신체적 기형은 부정적인 것으로 인식되지만, 중세 사회에서는 오히려 신성의 증거로 여겨졌습니다. 신은 모든 것을 창조할 수 있고, 그렇기에 손가락이 하나 더 많다든지 하는 것은 신의 그 놀라운 능력을 나타내는 것으로 받아들여졌던 겁니다. 반면 흔하게 볼 수 있는 신체 상태는 정상이기는 하되 신성의 증거가 되기에는 부족했습니다. 물론 그런 비정상적 신체를 가진 사람들은 괴물로 여겨졌습니다. 그래서 이 신성한 괴물들은 사회에서 격리되기도 하고, 때로는 구경거리로 전락하기도 했습니다. 하지만 그 비정상을 결여라든지, 질병 상태로 여기지는 않았습니다.

정상과 비정상에 대한 이런 시선은 현대 의학에 한 가지 질문을 던집니다. 현대 의학은 고혈압이나 당뇨 등에 대해 가장 흔한 신체 상태인 정상성을 기준 삼아 그 범주를 벗어나는 경우 질병으로 진단합니다. 비정상성을 정상성의 결여로만 판단하는 것이죠. 그렇다면 여기서 정상성을 곧바로 건강이라고 말하는 것에는 아무런 문제가 없을까요? 그저 평범하다는 것, 흔하다는 것이 건강의 기준이 될 수 있을까요?

현대 의학이 정상성을 기준으로 질병을 판단하는 과정은 통계적 수치에 의해 이루어집니다. 우선 충분히 많은 사람들로 이루어진 표본 집단을 통해 필요한 수치를 수집합니다. 그리고 이 수치의 평균을 낸 다음, 이를 중심으로 자료들의 분포 정도를 계산합니다. 간단히 말해 평균으로부터 자료들이 얼마나 흩어져 있는지를 알아보는 것이죠. 이를 그래프로 그리면 종 모양이 되는데, '정규 분포 곡선'이라 합니다. 이렇게 정규 분포가 나오면, 이제 여기서 상위 5%와 하위 5%는 비정상으로 규정되어 질병 상태로 분류됩니다. 그러니까 중심이 되는 평균으로부터 좌우 각각 45%를 넘는 데 자리한 사람들은 환자로 의심되는 것입니다.

정규 분포에 의한 질병의 규정은 현대 의학계에서도 많은 논란이 되고 있습니다. 첫 번째로 이야기되는 것은 상위 5%와 하위 5%를 질병의 기준으로 삼는 그 근거가 무엇이냐는 것이죠. 사실 통계적 자료는 그저 평균과 그 흩어진 정도만 알려 줄 뿐, 그 자체로 질병의 정도를 나타내는 척도를 갖고 있지 않습니다. 말하자면 그 기준은 임의적이며 인위적이라 할 수 있습니다.

정규 분포가 갖는 또 다른 문제는 이것이 모든 사람을 동질화시킨다는 데 있습니다. 평균을 내기 위해서는 각각의 사람들이 가진 특이성은 고려해서는 안 됩니다. 모든 사람들이 똑같다는 전제 위에서만 이런 평균과 분포라는 것이 가능한 겁니다.

이와 연관해서 세 번째 문제가 나옵니다. 의학에서 규정된 정상성이란 한 생명으로서 인간이 삶을 영위하는 데 필요한 신체적 규범입니다. 혈압의 경우, 생명을 유지하고 제대로 살아가려면 정상수치로 얘기되는 혈압 상태가 요구된다는 겁니다. 그래서 이런 혈압을 유지하려는 신체적 경향이 있고, 그 수치를 우리 신체가 갖는 자연스러운 규범으로 봅니다.

하지만 모든 사람에게 통용될 수 있는 그런 규범이라는 것을 설정할 수 있을까요? 일설에 따르면 나폴레옹의 맥박수는 건강할 때도 1분에 40회였다고 합니다. 평균 맥박수를 70으로 보는 상황에서 그는 분명 비정상입니다. 하지만 1분에 40회에도 불구하고 그에게 필요한 혈액이 제대로 공급되고 있다면, 그는 건강한 상태라고 해야 합니다. 말하자면, 나폴레옹 심장의 규범은 1분 70회가 아니라 40회인 것이죠.

정상성으로 이야기되는 규범은 분명 한 사회에서 가장 흔하게 발견되는 규범입니다. 하지만 그것이 나의 규범이라는 보장은 그 어디에도 없습니다. 흔하다는 것이 곧 내 삶에 적합한 규범이라는 척도가 될 수는 없기 때문입니다.

정상과 비정상을 새롭게 사유하다

한 생명이 갖는 바람직한 가치 규범은 조건에 따라 달라질 수밖에 없습니다. 산소가 부족한 고산 지대에 가면 천천히 걷게 되는 것이 정상이며, 격한 운동 뒤에는 숨을 가쁘게 쉬는 게 정상입니다. 감기에 걸려 열이 나면 누워 있는 게 적합한 규범이고, 다리를 다치면 절뚝거리는 게 적합한 규범입니다. 오히려 펄펄 끓는 몸으로 이곳저곳을 돌아다니려 한다든지, 다리를 다치고도 평상시처럼 걷고 뛰려고 한다면, 그것이 비정상입니다.

병리적이라든지, 또는 비정상이라 불리는 상태는 결코 규범이 없는 상태가 아닙니다. 질병으로 보이는 것 역시 하나의 정상성입니다. 모든 생명은 자신의 상황에 적합한 규범을 가지고 있습니다. 아니, 살아 있다는 것 그 자체가 이미 어떤 식으로든 자신의 규범을 가지고 있다는 것을 의미합니다. 만약 그렇지 않다면 그 생명체는 살아 있을 수 없을 겁니다.

이처럼 우리 각자는 자신의 정상성을 갖고 있습니다. 그렇다면 비정상이란 없는 것일까요? 프랑스의 의철학자 조르주 캉길렘은 규범이 없다는 의미에서의 비정상성은 부정합니다. 대신 아주 다른 의미에서 비정상성을 바라봅니다. 비정상적 상태로서 환자란, 한 가지 기준밖에 수용할 수 없는 사람이라고 말이죠. 다시 말해, 다른 조건에서 다른 규범을 설정할 수 없으면 환자인 것입니다. 이런 면에서 비정상이란 규범이 없는 상태가 아니라, 새로운 규범을 만들어 낼 능력이 없는 상태입니다.

반면 건강한 사람은 지금의 일시적 규범을 넘어설 수 있는 가능성, 새로운 상황에서 새로운 규범을 창안할 수 있는 가능성을 갖고 있습니다. 이 가능성의 실현 정도가 곧 건강의 정도가 됩니다. 그렇기에 건강이란 단지 질병이 없는 상태를 가리키지 않습니다.

건강한 유기체는 현재의 상태와 환경에서 현상 유지만을 추구하기 보다는 자신의 본성을 실현시키려 한다. 그런데 이 본성은 유기체가 위험에 직면하고 가능한 한 파국적 반응을 받아들이기

> 를 요구한다. 건강한 사람은 그것이 비록 생리적이라 하더라도, 자신의 습관을 급작스럽게 뒤엎는 혼란을 제기하는 문제를 회피하지 않는다. 그는 새로운 질서를 확립하기 위해 유기체의 위기를 극복하는 능력에 의해 건강의 정도를 측정한다.
>
> — 조르주 캉길렘, 『정상적인 것과 병리적인 것』에서

신체적이든 정신적이든 건강은 사회적 정상성, 즉 사회적으로 규정된 가치 규범을 얼마나 가지고 있느냐에 따라 가늠될 수 없습니다. 생명은 규범의 운반자가 아니라 규범의 창조자이며, 이런 창조를 통해 비로소 자기 존재에 대한 충만함으로서 건강을 느낍니다. 그렇기에 캉길렘은 제안합니다. 위기 상황에 처했을 때 일상적 기준을 의문시 할 수 있는 능력을 '정상성'이라 하고, 우리가 얼마만큼 위중한 위기를 극복하여 새로운 질서를 회복할 수 있는지에 따라 건강 상태를 측정하자고 말입니다. 자, 그럼 우리 한번 캉길렘의 제안대로 건강을 측정해 볼까요? 어떠세요? 만족할 만한가요?

04

마음과 아픔

감정, 삶을 말해 주는 신호

고통 없는 고통

타자의 욕망을 욕망하다

중독된 마음

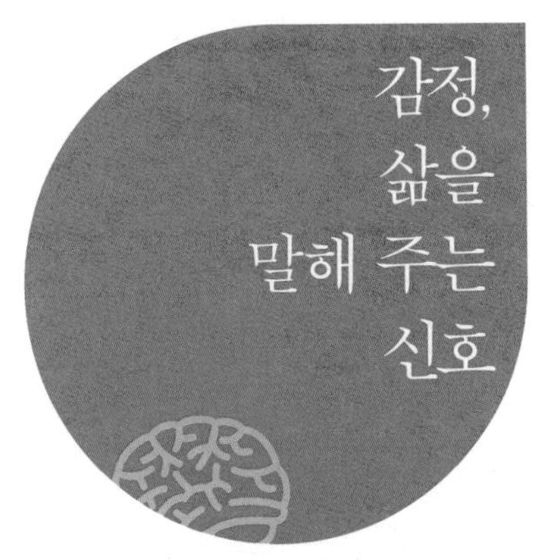

감정, 삶을 말해 주는 신호

신경과 의사이자 뇌과학자인 안토니오 다마지오는 『스피노자의 뇌』에서 한 여성 환자의 이야기를 소개합니다. 우선 그녀가 슬픔에 북받쳐 했던 말부터 만나 볼까요.

제 자신이 완전히 무너지는 것 같아요. 더 이상 살고 싶지 않습니다. 아무것도 보고 싶지도, 듣고 싶지도, 느끼고 싶지도 않아요. (……) 이제 사는 데 진저리가 납니다. 이만하면 됐어요. (……) 더 이상 살고 싶지 않아요. 삶에 욕지기가 날 정도라고요. 모든 게 다 쓸데없어요. 소용없는 일이라고요. (……) 나는 무가치한 인간이에요. 난 세상이 두려워요. 구석에 숨고 싶어요. (……) 나 자신을 생각하면 자꾸 눈물이 납니다. 제게 무슨 희망이 있습니까? 저를 위해 이런 수고를 하지 마세요.

— 안토니오 다마지오, 『스피노자의 뇌』에서

이 여성은 깊은 절망에 빠진 듯합니다. 그녀의 이야기를 듣고 있노라면, 삶에 대한 의욕을 잃어버릴 만큼 무언가 충격적인 사건이 있었을 것 같은 생각이 듭니다. 그래서 심한 우울증에 걸려 의사를 찾아온 것은 아닌가라는 추측을 하게 됩니다.

하지만 이 환자가 의사를 찾아온 이유는 다른 데 있습니다. 65세인 이 여성 환자는 파킨슨병에 걸려 있습니다. 신경 질환인 파킨슨병에 걸리면 몸을 움직이는 데 심한 어려움을 겪습니다. 그래서 종종 우울증이 동반되기도 합니다. 그러나 이 여성은 병을 전후해서 한 번도 우울증 증상을 보인 적이 없던 쾌활한 환자였습니다. 그랬던 그녀가 어느 날 갑자기 자신의 슬픔을 쏟아냈습니다. 그녀는 잠깐 그렇게 절망에 빠져 있다가 곧 다시 쾌활한 모습으로 돌아갔습니다. 이 환자에게 무슨 일이 일어났던 걸까요?

감정, 몸과 마음을 잇는 통로

이 여성 환자는 파킨슨병을 치료 중이었습니다. 아주 작은 전극을 뇌간에 이식하고 전류를 흘려 주는 치료였습니다. 그런데 이 과정에서 전극이 우연히 2밀리미터 아래로 내려가는 바람에 전류가 엉뚱한 곳으로 흘러 들어갔습니다. 그러자 예기치 못한 일이 벌어졌습니다.

그녀는 그때까지 의사와 편안히 나누던 대화를 갑자기 멈췄습니다. 몸은 움츠러들면서 오른쪽으로 기울었고 시선은 아래로 향했습니다. 그녀의 몸은 슬픔의 정서를 표현하는 듯 보였습니다. 아니나 다를까, 그녀는 곧 울기 시작했습니다. 그리고 흐느낌이 계속되자, 그녀는 자신이 매우 절망적인 상태에 빠져 있으며, 더 이상 살 힘이 없다고 하소연을 했습니다. 이 하소연이 앞에 소개한 이야기입니다.

그녀를 치료하던 의사는 전기 공급에 문제가 있음을 알아차리고, 전류를 끊었습니다. 그렇게 전기가 차단되고 90초 후, 그녀는 원래 모습을 되찾았습니다. 그리고 5분쯤 시간이 흐르자, 그녀는 쾌활하다 못해 장난기 어린 모습을 보였습니다.

이것이 우리가 읽은 그 절망적인 이야기가 나온 전모입니다. 그러니 절망에 대한 그녀의 하소연은 한마디로 '뻥'이라 할 수 있습니다. 그녀를 슬픔에 몰아넣은 실제적 사건이 없었으니 말이에요. 그녀에게 일어난 일이라고는 전류 자극의 실수로 몸의 상태가 변한 것뿐이었습니다. 그녀의 몸은 우선 슬픔을 표현하는 자세를 취했고, 그 다음 그녀는 슬픔을 느꼈으며, 마지막으로 그에 걸맞은 생각들을 하기 시작한 것입니다.

자극과 몸의 변화, 그리고 슬픔을 느낀 마음. 다마지오는 자극으로 인해 얼굴 표정이나 특정 행위 등으로 드러나는 몸의 변화를 '정서'라고 부릅니다. 그리고 이 변화에 대응하는 마음의 표현을 '느낌'이라고 부릅니다. 감정은 바로 이런 정서와 느낌으로 이루어져 있습니다. 자극에 대한 정서가 마음에 떠올라 느낌으로 표현될 때 감정으로 일어나는 것입니다. 한마디로, 감정이란 몸의 변화를 표현하는 마음의 응답입니다.

우리가 살아가며 겪게 되는 경험은 몸의 변화를 일으키고, 이 변화에 대한 신호가 감정으로 드러납니다. 경험이 삶에 도움이 되면 몸의 기운이 활발해지며, 반대로 해로우면 몸이 위축됩니다. 이런 정서 상태에서 우리 몸은 경험에 대한 반응을 일으킵니다. 그러나 이 반응은 일종의 반사적인 반응입니다.

경험에 대해 능동적으로 대처하려면 마음에 떠오르는 느낌이 있어야 합니다. 활발한 기운으로 변한 몸에 대해서는 기쁨이, 위축된 기운에 대해서는 슬픔이 느껴져야 하는 것입니다. 이럴 때 우리는 비로소 상황에 대해 적극적으로 대처할 수 있습니다. 내 삶에 해로운 상황들을 인지하고 이후에는 이런 일이 일어나지 않도록 조심한다든지, 반대로 기쁜 상황을 기억했다가 그 상황을 다시 만들어 내고 반복할 수 있게 됩니다.

정서와 느낌이 차단되다

감정은 내 경험과 삶의 관계를 알려 주는 신호입니다. 우리는 이 신호에 따라 행동합니다. 기쁨의 경험은 다시 찾게 되고, 슬픔의 경험과는 거리를 두려 합니다. 그런데 만약 이 신호에 이상이 생기면 어떻게 될까요? 그러니까, 정서와 느낌 간의 연결이 끊어진다면 말이죠. 정서와 느낌의 단절이 일어나면 우리는 그 상황에 적극적으로 대처할 수 없게 됩니다. 특히 슬픔의 상황에 적절한 대응을 하지 못해서, 계속해서 해로운 경험들을 반복하게 되고, 때로는 몸이 망가지는 일도 벌어집니다.

이런 단절로 인해 문제가 생기는 경우 중 하나가 '감정 노동'입니다. 미국 버클리 대학의 사회학 교수인 앨리 러셀 혹실드는 감정 노동을 '고용주가 고용인에게 기대하는 얼굴 표정과 육체적 표현을 만들어 내기 위해서 고용인이 자신의 감정을 관리하도록 요구받는 것'으로 정의합니다. 스튜어디스를 비롯해 많은 서비스업 종사자가 경험해야 하는 것이 이런 감정 노동입니다.

감정 노동 종사자들은 자신이 '체험한 것'과 '체험되어야만 하는 것' 사이의 괴리감에 시달립니다. 손님이 억지스런 요구를 하며 상식에 벗어난 행동을 하더라도 줄곧 미소를 짓도록 요구받는 것이지요. 이들은 정서와는 다른 느낌을 강요받습니다. 즉, 느끼지 않는 것을 느끼는 척 연기를 해야 합니다. 이런 상황이 오래되면, 이제 자신의 그 연기에 스스로 속게 됩니다. 실제로 느끼지 않는 것을 느낀다고 여기거나, 그 반대의 일이 벌어지는 것이지요.

이처럼 정서와 느낌 사이의 단절이 일어나면 감정 신호는 왜곡됩니다. 이제 감정을 통해 몸의 변화를 인지하는 일이 어려워지고, 결국에는 상황에 대해 적절하게 대응하는 능력을 상실하게 됩니다.

> 감정 노동은 몸의 균형과 몸의 메시지를 해석하고 그에 대해 적절하게 반응할 수 있는 우리의 능력을 와해시킬 수 있다. (……) 무례하고 성급한 손님들을 대하는 웨이터나 제멋대로인 학생을 다루는 교사는 자신들의 직업적 요구를 수행할 때 침착할 수 있다. 하지만 실제로는 고혈압을 유발할 수 있는 해로운 생리적 영향으로 고통을 받을 수 있다.
>
> — 크리스 쉴링, 『몸의 사회학』에서

감정 노동자들은 몸의 변화를 알려 주는 신호가 교란되어 있습니다. 그래서 자신의 몸에 대해 알 수 있는 길이 차단됩니다. 이런 상태에서 몸에 일어나는 나쁜 변화들, 즉 질병을 감지할 수 있는 능력도 떨어집니다. 이렇게 감정이란 신호가 교란된 상태에서, 감

감정 노동 종사자들은
자신이 '체험한 것'과 '체험되어야만
하는 것' 사이의 괴리감에 시달립니다.
손님이 억지스런 요구를 하며 상식에 벗어난
행동을 하더라도 줄곧 미소를 짓도록
요구받는 것이지요.

정 노동자들은 병을 키우게 되곤 합니다.

한편으로 자기 몸의 변화를 제대로 인지할 수 없는 상태는 불안을 야기합니다. 언제 어떻게 몸이 고장 나는지 알 수 없으며, 이 때문에 몸이 완전히 못쓰게 되어서야 문제를 발견하게 되기 때문입니다. 그래서 꼬박꼬박 건강 검진을 받고, 무리를 해서라도 보험 몇 개쯤은 듭니다. 하지만 감정 신호가 회복되지 않으면, 그 불안이 근본적으로 해소되지 않을 것입니다.

낭비와 사치의 시간을 위하여

감정은 몸과 마음을 이어 주는 통로입니다. 이 통로 덕분에 우리는 상황에 적절히 대처하며 우리 몸을 돌볼 수 있습니다. 그러나 체험된 것과 체험되어야만 하는 것 사이의 괴리는 이 통로를 왜곡시킵니다. 이런 괴리는 평범한 일상생활에서도 종종 나타납니다.

> 아이들이 넘어져 울고 있을 때, (……) [어떤] 부모는 '아프지 않아', '아프지 않으니까 울지 마'라고 말한다. 이처럼 아픔을 아픔으로 인정받지 못하고 자란 아이들도 있다. 아프다고 느끼는 아이의 감각을 부정함으로써, 혹은 그 감각에 아픔이라는 일상어를 부

여하지 않고, 감각의 주체 자리를 부모가 빼앗아 버리는 것이다. 아이들은 부모가 느끼게 하고 싶지 않은 감각은 빼앗기고, 느끼게 하고 싶은 감각은 느끼게 되며, 결과적으로 아이들의 아픔은 소실된다.

— 신다 사요코, 『현대사상』 2011년 8월호, 「찾아오는 고통, 부여하는 고통」에서

일상적으로 무심코 일어나는 이런 반응은 아이의 정서와 느낌 간에 거리를 만들어 냅니다. 물론 이런 일이 지속적으로 일어나지 않는 한, 별 문제가 없습니다. 다른 생활들을 통해 감정이란 신호를 익힐 수 있는 기회들이 열려 있으니까요. 하지만 이 상황이 지속되면 문제는 달라집니다. 정서와 느낌 사이의 통로가 왜곡되어 버리기 때문입니다.

현대 사회는 이런 왜곡이 빈번히 일어납니다. 아이들은 좋은 대학과 직장을 위해 지금의 감정을 억누르도록 요구받습니다. 입시와 취직을 위한 지식만을 허겁지겁 먹어 치우기 바쁜 아이들. 아이들은 그렇게 자신이 느끼는 감정 대신, 부모나 학교가 요구하는 감정을 학습하며 공부에 몰두합니다. 어른들은 어른들대로 자본주의라는 정글이 요구하는 감각, 즉 회사나 고객을 위해 자신의 감정쯤은 가볍게 무시하고 밟아 버릴 줄 아는 센스를 가져야 하는 상황 속에 살아갑니다. 여기서 자신의 몸이 보내는 그 감정이라는

신호를 익히기 위한 시간은 낭비와 사치로 치부됩니다.

그 결과, 우리는 하나의 생명으로서 삶이 보내는 신호들을 읽을 능력을 잃어버렸습니다. 무엇이 나에게 좋은지, 또는 나쁜지를 알 수 없게 된 것입니다. 그렇게 우리는 자신에 대해 무지한 상태에 처해 있습니다. 내 삶이 원하는 것을 몰라서 방황하게 되고, 삶에 해가 되는 상황 앞에서 어쩔 줄 모르고 있다가 사소한 일이 도화선이 되어 걷잡을 수 없는 분노를 표출합니다. 감정 통로의 왜곡은 이처럼 우리에게 삶에 대한 불안을, 그리고 그 불안 속에서 길을 잃은 삶을 만들어 내고 있습니다.

우리는 지금 놀라운 과학 기술로 그 어느 때보다 풍족한 생활을 누리며, 넘치는 정보의 세례를 받으며 살고 있습니다. 하지만 정작 우리 자신에 대한 앎은 빈곤하기 이를 데 없습니다. 풍족한 삶을 위해, 넘치는 정보들을 흡수하기 위해 감정을 한쪽 구석에 치워 두었기 때문입니다. 이런 아이러니를 해결하기 위해서 필요한 것은 하나, 내 삶을 말해 주는 감정이라는 신호를 제대로 느끼고 이해하기 위한 '사치와 낭비의 시간'일 것입니다.

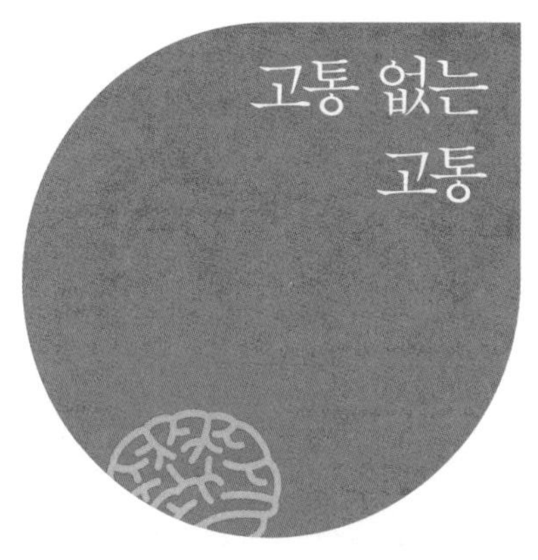

고통 없는 고통

아프다는 것은 괴로운 일입니다. 아픔에는 고통이 따르기 때문입니다. 특히 '복합부위 통증증후군'은 고통 자체가 병이 된 경우입니다. 이 병에 걸리면 보통 사람은 별다른 자극을 느끼지 않는 것에도 매우 민감한 반응을 보이게 됩니다. 스치는 바람이 칼로 살갗을 도려내는 통증으로 다가오고, 그런 고통은 진통제 몇 십 알을 먹어야 겨우 진정이 됩니다. 말 그대로 죽을 만큼의 통증 속에서 하루하루를 지내게 되는 것이지요.

복합부위 통증증후군 환자가 죽을 만큼의 고통으로 시달린다면, 그 정반대편에는 고통이 없어서 죽음의 위협에 시달리는 사람이 있습니다. '무통증'이 바로 이 경우입니다. 이 증상을 가진 사람들은 신체적으로 고통을 감각하지 못합니다. 이로 인해 그들은 지옥 같은 삶을 살아갑니다. 고통 없는 지옥 말이죠.

생존을 위해 필요한 감각, 고통

일본의 심리상담사, 신다 사요코는 알코올 의존증인 한 남자를 만났습니다. 그는 술의 독성으로 인해 모세혈관의 혈액 순환이 되지 않았습니다. 그래서 발끝에 마비가 왔고, 아무런 감각도 느낄 수 없었습니다. 그런데 어느 날, 엄지발가락 사이에 작은 상처가 났습니다. 하지만 감각을 잃어버린 남자는 그 상처를 알아챌 수 없었습니다. 그렇게 작은 상처는 발 전체로 퍼져 나갔습니다. 그가 자신의 발에 무언가 문제가 있다는 것을 알아차렸을 때는 이미 돌이킬 수 없는 지경에 이른 후였습니다. 그는 결국 발을 절단해야 했습니다.

이 남자는 사요코에게 묘한 말을 던졌습니다. "전혀 고통이 없기에 두렵습니다." 사요코는 그 남자의 말을 이해할 수 있었습니다. 보통 사람이라면 눈에 잘 띄지 않는 작은 상처라 해도 따끔거리거나 쓰린 느낌을 받고 이내 그 상처를 발견하게 될 겁니다. 그러면 연고나 반창고로 간단히 치료할 수 있겠지요. 하지만 이 남자는 쉽게 눈에 띄지 않는 곳에 난 상처를 전혀 알 수 없었습니다. 심지어 점차 발 전체로 밀고 올라오는 상처를 보면서도 그는 별로 심각하게 느끼지 못했습니다. 아무런 고통도 느끼지 못했기 때문입니다. 이런 일이 몸의 또 다른 부분에서 일어나지 말라는 법은 없습니다. 그러니 고통 없음이야말로 그에게는 무엇보다 큰 두려움일 겁니다.

이로부터 사요코는 고통에 대해 다른 방향에서 질문을 던지게 됩니다. 고통은 그저 부정적이기만 한 걸까, 고통에 능동적 기능이 있는 것은 아닐까, 라고요.

> 아픔을 느끼지 않으면 현실적으로 생명 유지가 어렵게 된다. 무통증인 사람은 유소년 때부터 혀를 깨물어 자르거나 이를 뽑아 버리거나 하는 일도 일어난다고 한다. (……) 고통조차 없으면 고통도 사라질 거라고 우리는 상상한다. 마취약의 발견이 수술을 가능하게 하고, 생존의 괴로움을 완화하려는 목적으로 알코올을 비롯한 여러 약물을 사용하는 행위도 생겨났다. 그러나 한편으로 고통은 인간이 생존하기 위해서 필요한 감각이기도 하다.
>
> — 신다 사요코, 『현대사상』 2011년 8월호, 「찾아오는 고통, 부여하는 고통」에서

고통은 괴롭습니다. 이 때문에 우리에게 고통은 삶에 무의미한 것으로 생각됩니다. 하지만 역설적으로 괴로움이야말로 고통이 가진 의미입니다. 고통은 우리 몸에서 울리는 하나의 위험 신호입

니다. 우리는 고통이라는 신호를 듣고서야 비로소 문제에 대처할 수 있습니다. 만약 신호가 울리지 않으면, 작은 상처에도 속수무책으로 당할 수밖에 없습니다.

그렇기에 고통이란 생존을 위해 반드시 필요한 감각입니다. 이런 면에서 고통은 그 자체로 좋다고, 또는 나쁘다고 절대적으로 말할 수 있는 것이 아닙니다. 사요코의 말대로, 고통이란 우리 삶에서 두 측면의 성격을 가진 감각입니다.

이해할 수 없기에 아플 수도 없는

대중 매체를 통해 가정 폭력을 당하는 여성을 보면 이상하다는 생각이 들곤 합니다. 보통의 경우 생명체는 고통을 주는 상황에서 벗어나려고 노력합니다. 그러나 가정 폭력 피해 여성들은, 온몸에 멍이 시퍼렇게 들고 때로는 뼈가 부러지는 폭력을 당하면서도 집을 떠나지 못합니다. 모든 이들에게 명확해 보이는 위험 상황이, 당사자인 피해자에게는 전혀 그렇지 않은 듯 보입니다. 이는 흔히들 지속적인 폭력이 피해 여성을 무기력하게 만들었기 때문이라고 이야기됩니다.

그러나 사요코는 조금 다른 시선으로 이 문제를 바라봅니다. 그녀는 많은 가정 폭력 피해 여성과 학대 아동들을 상담했습니다.

그런데 이상하게도 그들은 자신이 당했던 심한 물리적 폭력에서 기인한 고통에 대해서는 별다른 언급을 하지 않는 것이었습니다. 그건 단지 그 일을 고통으로 기억하지 못하는 문제가 아니었습니다. 실제로 그들은 고통을 느끼지 못했습니다. 그들이 고통을 호소한 것은 오히려 폭력 상황에서 벗어난 후였습니다. 한 피해 여성은 남편과 분리되고 법적인 도움으로 위자료를 받아 내고 생활의 안정이 가능해진 이후로 고통이 시작되었습니다. 그것도 과거에 남편에게 맞았던 그 부위가 지금에 와서 고통스럽다는 것이었습니다. 어떻게 이런 일이 있을 수 있을까요?

우리가 어떤 일을 '사건'이라 부르는 이유는, 그것이 삶의 맥락을 끊고 들어오기 때문입니다. 말하자면, 사건이란 현재의 자신으로서는 이해할 수 없는 어떤 일인 겁니다. 우리는 이 무지의 상황을 깨고 싶어 합니다. 왜 이런 일이 벌어졌는지 이해하고, 끊어진 삶의 맥락을 잇고자 하는 것이죠. 하지만 이 시도가 매번 성공하는 것은 아닙니다. 어떤 경우 우리는 상황에 대한 적합한 이해를 구하지 못한 채 오랜 시간을 지내게 됩니다. 이 경우 아주 다른 문제가 발생하는데, 바로 이것이 가정 폭력 피해자들에게 나타난 현상입니다.

가정 폭력 피해자들에게 문제가 된 것은 신체적 폭력이 아니었습니다. 그들의 마음을 사로잡은 것은 폭력이 갑작스레 영문도 모른 채 덮친다는 사실이었습니다. 언제, 어떻게, 어떤 이유로 폭력이 발생할지 모른다는 것. 이 풀리지 않는 의문이 그들을 사로잡고 있었습니다. 이 때문에 그들은 신체적 폭력을 당하는 순간, 그러니까 고통이 방문하는 순간, 그 고통을 받아들이지 못했던 것입니다. 간단히 말해서 그들은 무통증 환자였습니다.

사요코는 우리가 우리를 방문하는 고통을 모두 받아들일 수 있는 것은 아니라고 말합니다. 가정 폭력 피해자들처럼 자신의 입장에서는 도무지 이유를 알 수 없는, 우발적인 고통이 찾아오는 경우, 그 고통은 느껴지지 않습니다. 돌발적으로 자신을 침범해 들어오는 고통, 그 고통이 가진 예측 불가능성과 이로 인한 이해 불가능성. 그것이 고통을 받아들일 수 없도록 막고 있는 것입니다. 이런 경우 고통은 마치 문 밖에 서성이는 손님과 같은 존재가 됩니다. 이때 우리는 고통 대신 '무언가 숙제를 하지 않은 듯한 기분'을 느낀다고 합니다. 뭔가 이해하고 싶다는 욕구가 올라오는 것이죠. 그리고 묘하게도 고통은 이 숙제가 풀리는 순간 찾아옵니다.

가정 폭력 피해자들이 고통을 느끼지 못했던 것은 상황에 대한 이해 불가능성, 즉 무지에 있었습니다. 이 무지를 해결하고 끊어진 삶의 맥락을 이어 붙일 때, 고통은 그 이어진 맥락 위로 들어섭니다. 이것이 가정 폭력 피해자들이 폭력 상황으로부터 벗어나, 그 상황을 직시하고 나서야 고통을 느끼게 된 까닭입니다.

가정 폭력 피해자들에게 문제가 된 것은 신체적 폭력이 아니었습니다. 그들의 마음을 사로잡은 것은 폭력이 갑작스레 영문도 모른 채 덮친다는 사실이었습니다. 언제, 어떻게, 어떤 이유로 폭력이 발생할지 모른다는 것. 이 풀리지 않는 의문이 그들을 사로잡고 있었습니다.

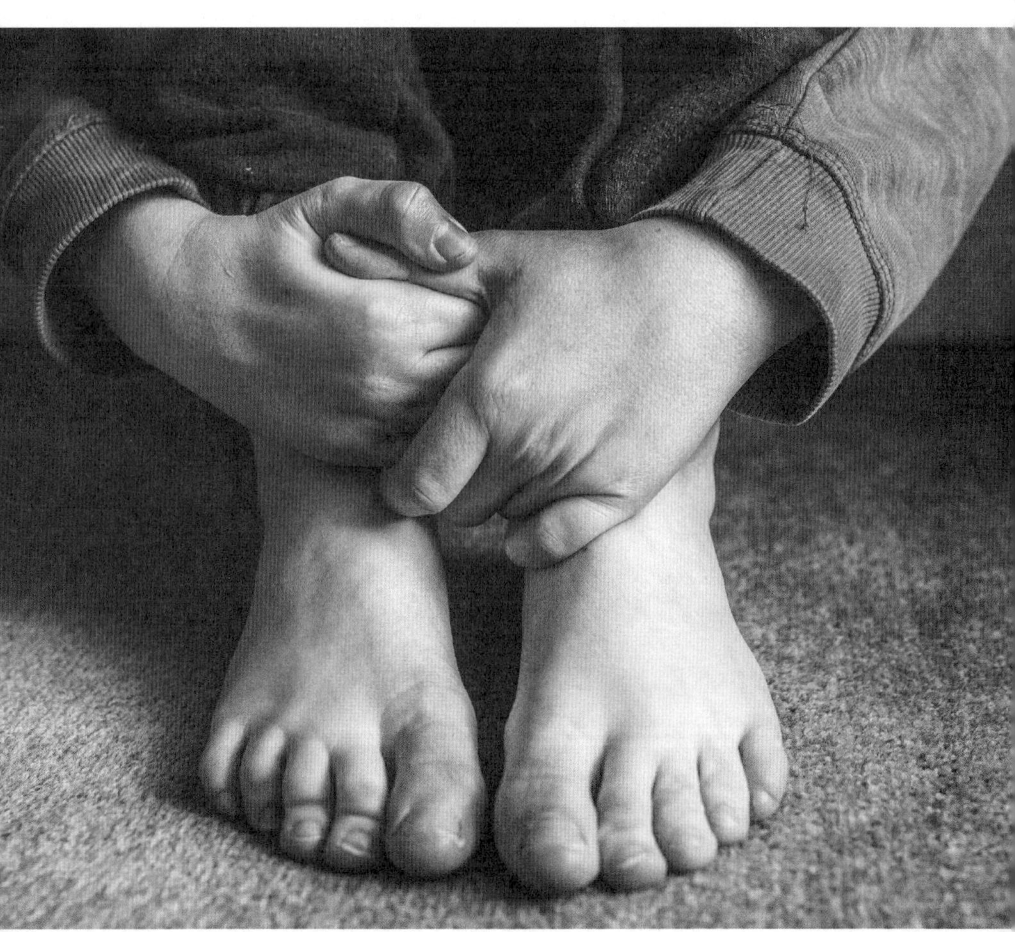

고통 없는 고통이 만드는 디스토피아

알코올 의존증 환자와 가정 폭력 피해자. 이들은 무통증이라는 고통 없는 고통으로 인해 자신의 몸을, 그리고 자신의 삶을 엉망으로 만들 수밖에 없었습니다. 그런데 이처럼 고통을 느끼지 못하는 문제는 자기 한 사람에 국한되지 않습니다. 무통증과 같은 증상은 타자와의 관계에서도 심각한 문제를 일으킵니다. 그 대표적인 예가 '소시오패스'입니다.

보통 소시오패스는 다른 사람의 감정을, 특히 고통을 느끼지 못하기 때문에 타자에게 잔혹한 행위를 서슴지 않고 한다고 알려져 있습니다. 더욱이 그들은 그런 행위에 대해 아무런 죄책감도 느끼지 못하기에 인간이 아닌 괴물로 여겨집니다. 그러나 소시오패스의 근본적 문제는 그 사람들이 자신이 겪는 고통에 무지하다는 데 있습니다.

『나, 소시오패스』의 저자인 M.E 토마스는 제목이 말해 주듯 소시오패스입니다. 그렇다고 그녀가 범죄자인 것은 아닙니다. 그녀는 변호사이자 법학과 교수로, 오히려 사회적으로 성공한 축에 속합니다. 하지만 그녀는 감정에 대해 무지합니다. 타자의 감정을 느끼지 못한다는 것 이전에, 그녀는 자신의 감정을 느끼지 못합니다. 그녀는 학습을 통해 감정들을 익혔고, 이를 기반으로 사회생활을 해 나갑니다. 그러나 이는 전적으로 머리로 배운 지식으로, 실제로는 전혀 감정을 느끼지 못합니다.

토마스는 무엇보다 고통이란 감정을 알지 못합니다. 16살이 되기 얼마 전, 그녀는 심한 맹장염을 앓았습니다. 그녀는 이로 인한 통증을 느꼈지만, 그 통증의 심각성이나 의미를 알 수 없었습니다. 그녀는 이 통증에 어떻게 대처해야 할지 알 수 없었습니다. 아니, 어떤 대처를 해야겠다는 생각조차 하지 못했습니다. 부모님은 아픈 딸을 보며 약을 챙겨 주었지만, 토마스는 그 약조차 먹을 필요를 느끼지 못했습니다.

단순한 감기처럼 별 내색을 하지 않는 딸의 모습에 부모님들은 문제의 심각성을 눈치챌 수 없었고, 그렇게 일주일이 넘는 시간이 흐르게 됩니다. 결국 토마스는 통증에 정신을 잃고 옴짝달싹할 수 없는 지경에 이르러서야 병원을 찾게 됩니다. 맹장이 터져 독소가 장으로 흘러들어가 장기에 염증이 생기고 근육은 괴사가 일어난 상태였습니다. 수술이 조금만 늦었어도 생명이 위태로운 상황이었습니다. 그럼에도 토마스는 그 상황의 심각성을 전혀 이해하지 못했습니다.

이후에도 이런 상황이 반복되었습니다. 그녀는 몸에 난 상처에 무지해 방치하기 일쑤였습니다. 한번은 차를 몰고 가다 큰 교통사고가 난 적이 있었습니다. 그녀는 피가 철철 나는데도, 병원이 아

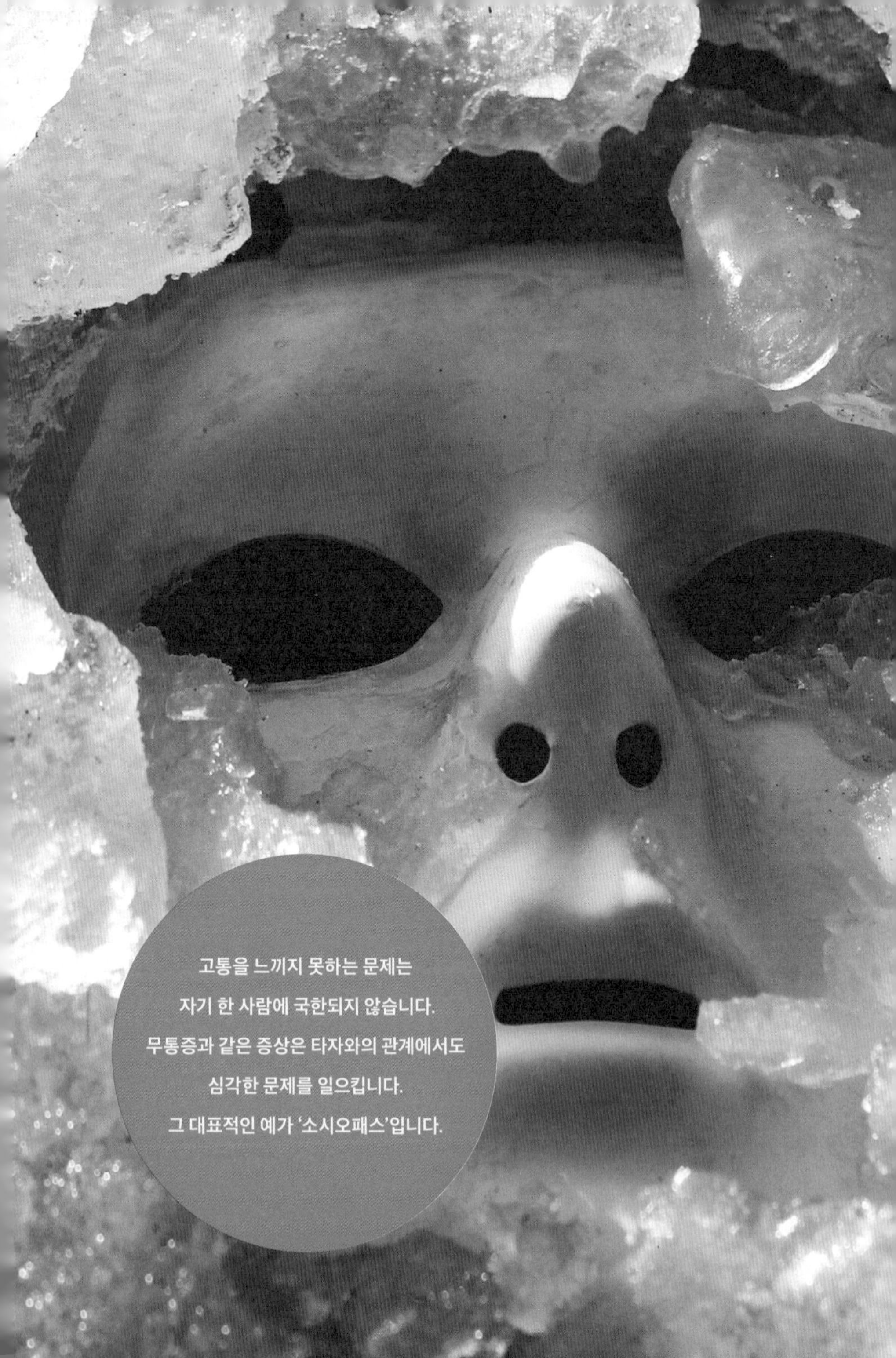
고통을 느끼지 못하는 문제는
자기 한 사람에 국한되지 않습니다.
무통증과 같은 증상은 타자와의 관계에서도
심각한 문제를 일으킵니다.
그 대표적인 예가 '소시오패스'입니다.

닌 수리 센터를 찾았습니다. 통증의 의미를 알 수 없던 토마스에게 급한 것은 자신이 아끼던 차를 수리하는 일이었기 때문입니다.

이처럼 토마스는 자신을 찾아온 고통의 의미를 알지 못합니다. 신체적 고통은 있지만, 그것을 이해할 수는 없는 것이죠. 그래서 그녀는 스스로를 위험에 빠뜨리는 행동들을 거리낌 없이 하곤 합니다. 그녀가 타자의 고통에 무감한 이유도 이 때문입니다. 자신의 고통을 이해할 수 없기에, 다른 이들의 고통에 대해서도 무지했던 겁니다. 그렇기에 소시오패스가 보여 주는 타자에 대한 잔혹한 행동 밑바탕에는 자신의 고통에 대한 무지가 자리하고 있습니다.

우리는 흔히 고통 없는 세상을 유토피아로 여깁니다. 하지만 고통은 우리가 처한 위험 상황을 알려 주는 신호입니다. 고통을 느끼는 것은 하나의 능력입니다. 무통증은 이 신호를 인지하지 못하는 무지입니다. 이 무지는 우리 생명을 위협할 뿐 아니라, 타자와의 삶 역시 위태롭게 합니다. 그렇기에 고통 없는 세상은 곧, 고통 없는 고통으로 가득 찬 디스토피아일 것입니다.

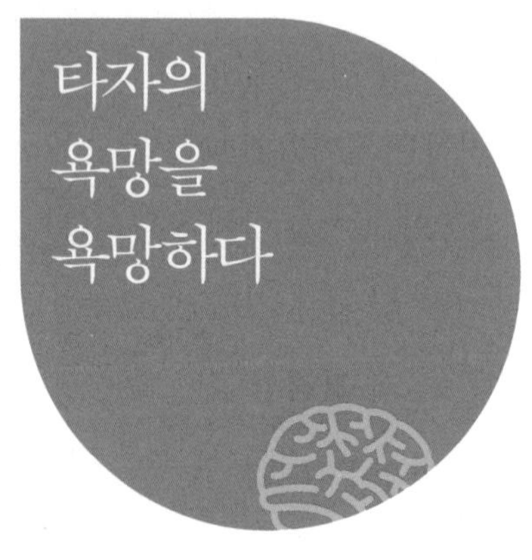

타자의 욕망을 욕망하다

앤드루는 밀워키에 있는 한 병원을 찾았습니다. 다리 절단 수술을 받기 위해서였습니다. 사실 그의 두 다리는 멀쩡했습니다. 문제는 다리가 아니라 앤드루 자신에게 있었습니다. 그는 자신의 두 다리가 너무나 예민하게 느껴져서 온 신경이 항상 다리에 머물렀고, 그런 탓에 제대로 된 생활을 할 수 없을 정도였습니다. 그러나 생리적으로 아무런 이상이 없는 다리를 절단해 줄 의사는 없었습니다.

결국 앤드루는 방법을 찾아냈습니다. 압박스타킹 한쪽에 두 다리를 집어넣고는 그곳에 드라이아이스를 가득 채웠습니다. 그리고 혈액 순환이 멎을 때까지 기다렸습니다. 앤드루는 스스로 다리를 죽이기로 한 것입니다. 의사는 앤드루의 다리를 절단할 수밖에 없었습니다. 그렇게 앤드루는 마음의 평온을 찾았습니다.

이 기괴하고 잔혹한 이야기의 시작은 앤드루의 어린 시절로 거슬러 올라갑니다. 어린 앤드루는 딱히 관심을 받지 못하는 꼬마였습니다. 그 꼬마는 사람들의 사랑을 받고 싶다는 열망에 사로잡혔습니다. 그러나 그는 뾰족한 방법을 찾을 수 없었습니다. 그러던 차에 마을에 한 사건이 벌어지게 됩니다. 소아마비가 닥친 겁니다.

소아마비의 공포가 마을을 휩쓸 즈음, 앤드루는 자신에게 무척이나 관심을 보여 주던, 어머니의 친구 한 분이 다리를 저는 모습을 보게 됩니다. 또, 잡지에서 소아마비에 걸린 아이들이 즐겁게 공놀이를 하는 모습을 접하게 됩니다. 앤드루는 그 모습에 매혹되었습니다. 사춘기가 되자 그는 바짓가랑이 한쪽에 두 다리를 넣고 목발을 짚는 연습을 하기 시작했습니다. 그렇게 그는 하루하루 소아마비의 꿈을 실현시켜 나갔습니다. 그리고 40년 후, 그는 실제로 두 다리를 떼어 내는 데 성공하게 되었습니다.

앤드루는 자신의 감정적 좌초 상태를 해소할 해결책을 마음속으로 그려 내기 시작했다. 그는 남들은 물론 자기 자신으로부터도 연민을 끌어낼 만한 몸으로 제 몸을 바꿀 것이었다. 그는 사랑받지 못하고 인정받지 못하는 감정적 상처를 몸으로 드러내고 싶었다. 그가 원한 것은 감정적 상처와 손상을 거울처럼 반영하는 몸이었다. 남들의 관심을 조금이라도 끌 수 있는 몸 말이다.

— 수지 오바크, 『몸에 갇힌 사람들』에서

주목받고 싶은 욕망

앤드루의 어린 시절부터 시작된 이 이야기는 한 편의 잔혹 동화 같습니다. 그래서인지 어딘가 비현실적이게 느껴지며, 현실일지라도 지극히 특수한 경우로 여겨집니다. 하지만 앤드루가 가졌던 그 마음, 즉 사랑받고 싶고, 인정받고 싶다는 그 욕망은 결코 특별한 일이 아닙니다.

근래 유행하는 SNS나, 개인 방송들에는 앤드루와 같은 욕망들로 가득합니다. 이런 미디어들 속에서 사람들은 자신이 올린 내용이 선택받도록 온갖 노력들을 합니다. 심지어는 형광등을 깨서 유리를 먹는다든지, 움직이는 자동차 아래에 발을 넣는다든지 하는 자해 행위를 하기도 합니다. 얼마 전 미국에서는 연인이 서로를 찔러 죽이는 모습을 촬영해 SNS에 올려 사회적으로 큰 물의를 일으키기도 했습니다. 선정적인 내용들은 물론이고, 잔혹한 장면들을 연출함으로써 자신들의 글이나 영상이 선택받도록 하기 위해서입니다. 인정 욕망이 그들을 그런 무모한 행동들로 이끈 겁니다. 그들에게 자신이 선택받은 횟수는 곧 자신의 존재를 입증합니다. 그렇기에 자신을 위험에 처하게 해서라도 선택받고자 하는 것입니다.

이런 현상과 관련된 것으로 '뮌하우젠 증후군'이 있습니다. 이는 타자의 관심이나 인정을 받기 위해서 병에 걸렸다는 거짓말을 하거나, 심지어 자해를 하는 현상을 가리킵니다. 일부러 자신을 다치게 해서 타자에게 연민을 이끌어 냄으로써 관심을 받으려 하는 것이지요. 이 증후군의 또 다른 문제는 이것이 대리적으로 나타나기도 한다는 점입니다. 그러니까 다른 이에게 일부러 상해를 가한 뒤 자신이 헌신적으로 돌봄으로써 다른 이들에게 인정을 받으려 하는 것이죠.

이처럼 인정 욕망은 내 삶을 망가뜨리고, 때로는 내 주위 사람들의 삶조차 엉망으로 만듭니다. 자기 자신에게는 눈을 감은 채, 오로지 타인이 바라는 바에 촉각을 곤두세우고 있기 때문입니다. 그래서 그 출발은 나라는 사람을 주목받는 존재로 만들고 싶은 마음이었지만, 마지막에 오는 결과는 나를 잃어버리게 되는 아이러니가 발생하는 것이죠.

진정한 이기주의를 향하여

인정 욕망은 한마디로 타자의 욕망을 욕망하는 것입니다. 자신이 무엇을 바라는지, 자신의 삶에 무엇이 이로운지를 생각하는 것이 아니라, 타자가 바라는 것을 추구하는 것이 인정 욕망입니다. 이런 인정 욕망은 현대 자본주의 사회에서 두드러지게 나타납니다. 이는 자본주의의 중심에 '상품'이 자리하고 있기 때문입니다.

상품이란 누군가에게 팔기 위해 만들어진 물건입니다. 그래서 상품의 운명은 상품을 만든 사람이 아닌, 그 상품을 살 사람들에 달려 있습니다. 그 필요가 소비자에 달려 있는 것이지요. 그래서 상품을 만드는 사람은 항상 다른 이들의 욕망에 시선을 맞추고 있어야 합니다. 그들 자신이 무엇을 만들고 싶은지 따위는 상품에서는 아무런 의미가 없습니다.

이런 상품의 논리는 인간이 사회적 삶을 영위해 가는 과정에도 계속됩니다. 이를테면 취직을 하기 위해서 우리는 회사가 원하는 사람이 되어야 합니다. 여기서 필요한 것은 내 삶에 진정 필요한 배움이 아니라, 선택받기 위한 공부입니다. 좋은 대학을 가기 위한 공부, 스펙을 쌓기 위한 자격증 공부, 이런 것들이 우리 삶을 가득 채웁니다. 근래에는 외모도 여기에 가세해, 취직에 적합한 외모를 위해 성형 수술도 서슴지 않습니다.

이렇게 우리는 노동 시장에 내놓은 하나의 상품이 되었습니다. 좋은 상품이 되는 것이 삶의 목적이 되었고, 행여 선택받지 못하면 깊은 절망에 빠집니다. 그럴수록 우리는 더욱 좋은 상품이 되기 위해 몸부림칩니다. 이제 우리 삶에서 우리 자신은 목적이 아닌 수단입니다. 타자들의 욕망에 소용되는 그런 수단 말이죠. 독일의 철학자 프리드리히 니체는 이런 수단으로서의 삶을 다음과 같이 이야기합니다.

매일 사용되어 닳는 사람들—이 젊은이들에게는 인격도 재능도 근면함도 부족하지 않다. 그러나 사람들은 그들에게 자기 자신에게 방향을 부여할 수 있는 시간을 허용하지 않았고, 오히려 어떤 방향은 [수동적으로] 받아들이도록 어린 시절부터 그들을 길들였다. 그들이 '사막에 보내도 좋을 정도로' 충분히 성숙하게 되면 그들은 약간 다르게 다루어졌다. 즉 그들은 이용당했다. 그들은 자기 자신을 박탈당했고, **매일 사용되어 닳아지는** 것이 되도록 교육받았으며 그것을 의무로 받아들이게 되었다. 이제 그들은 이렇게 매일 사용되어 닳지 않고는 지낼 수 없게 되었고 그 이외에 다른 것을 바라지도 않는다.

— 프리드리히 니체, 『아침놀』에서

우리 자신의 삶은 인정 욕망 속에서 매일 사용되어 닳아 가고 있습니다. 무서운 것은 우리가 이제 그것을 우리 자신의 욕망으로 믿는다는 점입니다. 그래서 그 수단으로서 나, 상품으로서 자신을 삶의 의무인 듯 여기고, 스스로 그 욕망을 향해 내달립니다.

얼마 전, 한 TV프로를 통해 유명해진 'Pick me(나를 선택해)!'란 노래는 이런 세태를 반영하고 있습니다. 101명의 여자아이들이 시청자로부터 선택을 받기 위해 무대 위에서 불렀던 노래. "선택해 줘~!"라는 그들의 외침에는 지금 우리 사회의 목소리가 묻어 있습니다. 그 프로그램과 노래가 그토록 인기를 끌 수 있었던 것은 그것이 우리 자신의 삶과 오버랩 되었기 때문일 것입니다.

그러나 이런 인정 욕망 속의 삶은 우리를 공허하게 만듭니다. 하루하루 자신이 닳아 가는 느낌 속에서 우리는 피로와 우울감에 시달립니다. 자신을 수단으로 삼는 일상에서 우리 자신에 대한 자존감을 찾아보기 어렵습니다. 묘한 것은 이렇게 자존감을 잃어버리게 되면, 화가 난다는 점입니다. 분노, 그것의 뿌리는 한 생명으로서 자기 존재 가치의 상실인 것입니다.

타자의 욕망을 욕망하는 가운데 우리 삶은 그렇게 시들어 갑니다. 우리 스스로를 위해서 한다는 그 일들이 실은 누군지 모를 타자의 욕망을 위한 활동일 뿐이기 때문입니다. 나를 위해 끊임없이 뭔가를 열심히 하지만, 그럴수록 깊이 느껴지는 좌절과 분노. 니체는 이런 활동들을 '사이비 이기주의'라 말합니다.

사이비 이기주의 — 대다수 사람들은 자신의 '이기주의'에 대해 어떻게 생각하고 어떻게 말하든 간에, 일생 동안 자신의 자아를 위해서는 아무것도 하지 않으며 오직 자아의 환영을 위한 일만 한다. 이러한 자아의 환영은 그들 주위 사람들의 머리에서 형성되어 그들에게 전해진 것이다. 그 결과 그들 모두는 비인격적인 의견과 자의적인, 말하자면 허구적인 가치 평가들의 안개 속에서 함께 산다. 어떤 사람은 항상 다른 사람의 머릿속에 살고 이 머리는 다시 다른 머리들 속에 산다.

— 프리드리히 니체, 『아침놀』에서

만약 지금 알 수 없는 공허감과 우울, 그리고 분노에 시달린다면, 스스로에게 질문을 던져 보면 어떨까요. 지금 나는 진정한 이기주의자일까, 라고 말이죠.

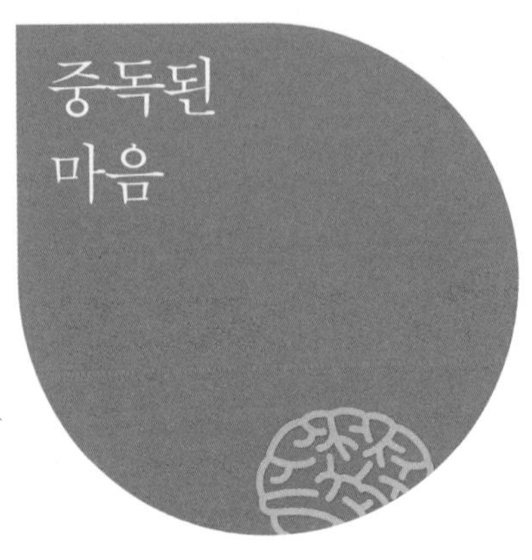

중독된 마음

우리는 주변에서 술이나 약물에 중독된 사람들의 이야기를 종종 듣습니다. 중독은 의존증이라고 불리기도 하듯, 중독된 신체는 어떤 대상에 의존해서만 존재합니다. 이를테면 알코올 중독자는 술이 없으면 안달이 나고, 약물 중독자는 약의 힘에 기대어서야 비로소 편안해집니다. 그래서 중독자는 의존 대상이 없으면 일상생활이 불가능합니다.

그런데 가만히 생각해 보면, 우리는 의존하는 모든 것을 중독이라 부르지는 않습니다. 예를 들어 밥이 그렇습니다. 우리는 삼시 세끼를 먹어야 생활을 할 수 있습니다. 밥을 먹지 못하면 짜증이 나기도 하고, 그런 짜증이 밥을 먹으면 눈 녹듯 해소되기도 합니다. 그럼에도 우리는 밥에 의존하는 것을 중독이라 이야기하지 않습니다.

술과 밥의 이런 차이는 삶과의 관계에 있습니다. 삶은 여러 선분들을 가지고 있습니다. 책을 보고, 일을 하고, 친구를 만나 수다를 떨고, 때로는 여행도 가는 등 다양하고 풍부한 선분들을 간직한 것이 삶입니다. 밥을 먹는 것도, 술을 마시는 것도 삶의 이런 선분들 중 한 가지입니다. 보통의 경우, 이 모든 선분들은 그 나름의 의미를 갖습니다. 독서는 독서대로, 일은 일대로, 친구와의 만남은 만남대로, 또 여행은 여행대로 그 의미가 온전히 살아서 간직되는 것이죠. 그래서 우리는 매번의 행위마다 다른 세계를 경험하며 살아가게 됩니다.

반면 중독이라 부르는 현상에서는 이런 다채로운 선분들이 모두 죽어 버립니다. 알코올 중독자는 일을 해도, 책을 봐도, 친구를 만나고 여행을 해도 중요한 것은 술뿐입니다. 모든 것이 술을 중심으로 돌아가고, 일, 독서, 만남, 여행 그 자체는 사라집니다. 그래서 술이라는 오직 한 가지 의미만이 삶에 남습니다. 중독자의 세계에는 중독된 대상 그것만이 유일하게 존재하는 것이지요.

이 중독의 끝에서 알코올 중독자는 자신조차 술에 내어 줍니다. 자신의 신체가 완전히 망가지더라도, 심지어 죽음에 이르더라도 술을 끊을 수 없는 알코올 중독자. 그는 단지 술에 의존하는 것이 아니라, 술이 곧 자신이 되어 버린 것입니다. 그래서 자기 존재를 온통 술이라는 것에 바치게 되는 겁니다. 이처럼 중독은 자신의 삶과 외부 대상이 서로 전도된 상태를 만듭니다.

이런 중독은 몸뿐만 아니라, 마음에서도 일어납니다. 그럼에도 몸에 비해 마음의 중독에 대해서는 그다지 얘기되지 않는 듯합니다. 아마도 마음은 몸과 다르게 명확하게 드러나지 않기 때문일 겁니다. 그러나 바로 이런 이유로 우리는 우리도 모르는 사이에, 그것도 매우 쉽게 중독된 마음을 갖게 됩니다.

하나의 이미지에 붙들린 마음

한 생명체로서 우리는 모두 시간을 탑니다. 흔히 이야기되는 '생로병사'란 이런 시간에 따른 변화를 나타냅니다. 그런데 이 변화에서 몸과 마음은 조금은 다른 양상을 띱니다. 물질인 몸은 시간과 함께 자연스레 변화합니다. 우리의 의도와 상관없이 쪼그마한 몸집에서 건장한 신체로, 그리고 다시 쪼글쪼글한 모습으로 바뀌어 가는 것이죠. 이에 비해 비물질적인 마음은 살아가면서 겪게 되는 여러 경험들을 통해서만 시간을 탑니다. 아무리 건장한 신체를 가졌다 하더라도, 그에 걸맞은 경험들을 통과하지 않으면 그저 몸만 커다란 아이로 머무는 것입니다. 이런 면에서 마음의 변화는 어느 정도 우리 의지와 관련됩니다.

우리는 어떤 경험들을 선택하거나 회피할 수 있습니다. 만약 어떤 경험들을 계속해서 회피하게 된다면, 이에 수반되는 마음의 변화는 일어나지 않습니다. 바로 여기에 마음의 중독이 발생할 수 있는 조건이 있습니다. 특정 경험에 집착하고, 다른 경험들을 배제함으로써 마음의 중독이 발생하게 되는 것이죠. 쉽게 말해 마음이 하나에 꽂혀 다른 것은 전혀 들어오지 않는 상태가 되는 겁니다.

쉬운 예로, 트라우마가 그렇습니다. 트라우마는 충격적 사건에 의해 마음에 생긴 상처를 말합니다. 이 상처가 이후에 끊임없이 되살아나면서 삶을 지배합니다. 상식적으로 봤을 때 과거 사건과는 별 상관이 없는 경험조차 트라우마는 상처의 기억과 연결시킵니다. 조금의 단서라도 과거 상처와 관련시킬 수 있다면, 곧바로 그 과거가 달려와 지금의 경험을 뒤덮어 버리는 것이죠. 결국 트라우마를 가진 사람에게는 과거의 그 시간만이 남게 됩니다.

마음의 중독은 트라우마처럼 하나의 이미지에 고착된 상태입니다. 이 이미지가 하나의 그물이 되어 경험들을 건져 올립니다. 그래서 이 이미지의 맥락 위에서만 현재의 경험은 가치를 갖고 만들어집니다. 그렇게 중독된 그 이미지를 통해서만 세상을 만나고, 이해하고, 살아갑니다.

트라우마는 이런 마음의 중독 중 비교적 잘 알려진 예입니다. 그래서 병증으로 이해되어 무언가 조치를 취하고자 합니다. 반면에 매우 흔하지만, 잘 인지되지 않는 마음의 중독도 있습니다. 어쩌면 너무나 흔해서, 그래서 대부분의 사람들이 중독되어 있어서, 그것이 중독인지조차 모르는 것일지도 모르겠습니다. 그것은 자본주의라는 오늘을 사는 우리의 마음을 옭아맨 '청춘'이라는 이미지에의 중독입니다.

청춘 예찬? 청춘 중독!

청춘은 뜨거움의 상징입니다. 그것은 어떤 열기이자, 무언가를 뚫고 앞으로 나아가는 기운입니다. 우리 모두는 인생의 한 시기에 이런 청춘을 경험합니다. 그리고 그 청춘을 떠나보냅니다. 서늘한 시기가 다가오고, 앞으로 나아가는 발산의 기운이 사그라들며 수렴의 기운이 찾아옵니다. 봄에서 여름으로 그리고 다시 가을과 겨울로 이어지는 계절의 순환처럼, 삶에서도 그런 자연스러운 순환이 일어납니다.

그런데 자본주의는 오직 청춘만을 부르짖습니다. 청춘에 대한 끊임없는 찬미, 이것이 자본주의의 핵심입니다. 이 찬미가 가장 먼저 향하는 곳은 노동 시장입니다. 청춘의 뜨거움을 유지하는 것이 노동력의 효율을 높이는 필수 조건이기 때문이죠. 엔진을 계속해서 뜨겁게 달구어야만 나아가는 기관차처럼, 노동은 우리의 열기가 식지 않기를 요구합니다. “생각 따위는 필요 없다.”, “피로야 물렀거라!”를 외치며 가열차게 달려 나가야 하는 것이죠. 그렇기에 노동 시장은 열정이라 불리는 그 뜨거움을 우리 마음에 계속해서 심어 주려 합니다.

소비 또한 청춘의 그 뜨거움 속에서만 가능합니다. 우리는 흔히 합리적 소비를 이야기하지만, 실제로 소비는 그렇게 합리적이지 않습니다. 소비의 미덕은 비합리입니다. 지름신의 강림을 받아 묻지도 따지지도 않기. 그래야 지갑이 열립니다. 생각해 보세요. 집에 옷이 몇 벌 있는지, 정말 지금 이 옷이 필요한지를 꼼꼼하게 따진다면 새로 옷을 살 일이 얼마나 있을까요.

그렇기에 백화점은 그런 합리적 판단을 할 수 있는 상황들을 만들지 않으려 합니다. 시계도 없고, 창문도 없으며, 앉을 곳도 마땅치 않고, 계속해서 돌고 돌도록 구성된 공간 배치. 현실의 시공간을 잊은 채, 꿈속을 배회하는 듯한 착각. 여기서의 주인은 돈과 상품이며, 우리 자신은 이들을 연결시켜 주는 바쁜 뚜쟁이가 됩니다.

자본주의는 이 모든 작동을 ‘청춘’이라는 이미지 속에 투영합니다. 그리고 우리 역시 이 이미지를 내면화하고 있습니다. 삶이 의미가 있으려면 뜨거움을 간직하고 있어야 한다고 말이죠. 그래서 나이가 들고, 자연스레 그 뜨거움이 사라지는 시기가 오면 청춘을 상실했다는 결핍감에 휩싸입니다. 그리고 어떻게든 청춘을 붙잡으려고 안간힘을 씁니다. 젊은 외모를 만들기 위해 병원을 찾아다니거나, 성적 열등감에 이런저런 약을 먹기도 하고, 열정적 사랑을 꿈꾸고 기다리기도 합니다. 식은 삶을 달구기 위해 온갖 방법들이 동원되는 겁니다. TV 프로그램이나 광고에서 그리는 멋진 노인의 삶이라는 것 역시 대부분이 이런 맥락 위에 서 있습니다. 늙었어도 청춘의 뜨거운 열정을 보여 주니 참으로 멋지지 않느냐는 것이죠. 거기에는 노년만이 갖는 삶의 즐거움이라든지 삶의 지혜는 거의 찾아볼 수 없습니다. 오직 얼마나 젊은이와 닮게 사는지가 척도가 되어 나타납니다.

우리에게는 이처럼 청춘이야말로 삶의 절정이자, 최고의 가치를 담지한 시기로 여겨집니다. 그러나 로마의 철학자 세네카에게 인생의 절정기를 꼽으라고 하면, 노년이라고 답할 것입니다. 노년이란 젊은 날 정신없이 외부에 뺏기던 시선을 비로소 자신에게 돌리고, 자신의 주인으로 살 수 있는 시기이기 때문입니다. 그렇기에 세네카는 어서 빨리 늙기를 바라야 한다고 말하기까지 합니다.

봄과 여름의 푸르름만을 간직하라는 것, 오직 열정이라는 뜨거움만이 우리의 존재 가치를 입증한다는 것은 자본주의 특유의 시선일 뿐입니다. 우리는 이런 청춘의 이미지에 사로잡혀 있습니다. 그래서 삶은 이 청춘과의 관계 위에서 그려집니다. 특히나 중년과 노년은 청춘으로부터 서서히 내려가는 불안으로 다가옵니다. 그

자본주의는 이 모든 작동을
'청춘'이라는 이미지 속에 투영합니다.
그리고 우리 역시 이 이미지를 내면화하고
있습니다. 삶이 의미가 있으려면
뜨거움을 간직하고 있어야 한다고
말이죠.

래서 더욱더 삶을 뜨겁게 달구려 노력하게 되는 것이죠. 그러나 가을은 가을의 서늘함이 있어야 가을이고, 겨울은 추워야 겨울입니다. 삶이 온통 청춘의 뜨거움으로 달궈진 상태는 지구 온난화처럼 삶의 이상 기온일 뿐입니다.

> 자본은 봄/여름만 알지 가을/겨울은 알지 못한다. 오직 소유하고 증식할 뿐, 버리고 비우는 것에 대해서는 상상조차 하지 않는다. 인생을 청년기에만 묶어 놓은 격이다. (……) 그래서 우리는 길 위에서 '길' 찾기, 곧 인생의 서사를 잊어버렸다. 중년 이후의 이념과 가치는 오직 '안티 에이징'이다. 그 결과 우리 시대 중년들은 청년을 질투하면서, 또 청년을 모방하고 표절하면서 살아간다. 억지로 열정적인 척하면서, 피부의 '골든 타임'을 지키느라 안간힘을 쓰면서, '내 나이가 어때서? 사랑하기 딱 좋은 나이!'라고 우기면서.
>
> — 고미숙, 『바보야, 문제는 돈이 아니라니까』에서

삶은 결코 낡아 버리는 기계가 아니다

자연의 모든 생명이 그렇듯, 우리의 삶은 봄, 여름, 가을, 겨울의 순환 속에 있습니다. 하루의 시간도 일어나서 활동하고 쉬고

잠을 자는 순환으로 이뤄지며, 인생 전체도 마찬가지입니다. 중독은 삶의 이런 자연스러운 흐름을 막습니다. 알코올 중독자에게는 술이 그러하며, 오늘을 사는 우리 마음에는 청춘이란 이미지가 그렇습니다. 알코올 중독자가 술이 없으면 초초해서 어쩔 줄 모르듯, 우리는 청춘에서 멀어진 삶에 극심한 불안을 느낍니다. 뜨거움을 잃어버린다는 불안, 그래서 쓸모없어지고 버려질 것이라는 불안인 것이죠.

청춘이 멀어져 간다는 것은 마치 삶이 낡아 버리는 것처럼 느껴집니다. 그러나 삶은 그렇게 낡아 버리는 기계가 아닙니다. 기계는 하나의 용법만이 있기에 한쪽으로만 반복해서 쓰게 되고, 그러면 낡기 마련입니다. 하지만 이런 기계와 달리 생명으로서 우리는 하나의 용법에 묶여 있지 않습니다. 서로 다른 법칙을 가진 시공간을 지나가고, 그 시공간에 따라 다른 삶이 펼쳐집니다. 삶에는 다양한 용법들이 존재합니다.

이를테면 청년기에는 뜨거움으로 세상을 향해 뻗어 나가 일을 벌입니다. 그러나 한편으로 그 뜨거움은 삶을 한없이 들썩거리게 만듭니다. 그래서 환희만큼이나 실망과 좌절이 큰 시기입니다. 중년과 노년은 이런 들썩임이 잦아드는 기운입니다. 생식력이 떨어지는 것은 이와 관련됩니다. 중년에 맞이하는 생식력의 상실은 더 이상 에로스에 목말라 하며 이성에게 선택받기 위해 안달하지 않아도 된다는 것이며, 사회가 요구하는 노동에 맞춰 숨 가쁘게 삶을 돌리며 나를 마모시키지 않아도 된다는 의미입니다. 그렇기에 이는 청춘을 상실한 시기가 아니라, 더 이상 청춘의 번뇌에 시달리지 않아도 되는 시기입니다. 세네카가 말했듯, 사회적 이해관계나 에로스를 떠나 사람을 만나고 우정을 쌓으며, 세상으로 내달리는 대신 자기 존재를 배려하는 충만한 삶을 이룰 수 있는 시기가 바로 노년인 것입니다. 이런 노년이 청춘보다 활기 없는 삶이라 할 수 있을까요?

노년의 삶을 활기 없게 만드는 것은 노년이라는 그 시간 자체가 아니라, 청춘에 매달리는 우리 마음입니다. 이로 인해 우리는 한없는 상실감 속에 빠져 노년을 지내거나, 청춘을 붙잡고 유지하는 데 삶을 온통 허비합니다. 우리는 청춘이 아닌 삶에 대한 어떤 상상력도, 지혜도 없습니다. 그래서 있는 힘을 다해 노년을 지연시키고, 그저 끝까지 태우다가 그냥 죽는 것 말고는 다른 길이 없어 보입니다. 어떻게든 한창때의 성능을 유지하기 위해 삶을 수리하고 또 수리하면서 말이죠.

기계는 시간에 따라 낡아 가지만, 삶은 시간에 따라 달라질 뿐입니다. 삶에는 다양한 활기가 있기 때문이지요. 봄과 여름의 기운이 충만할 때는 싹을 틔우고 꽃을 피우는 것이 활기이듯, 가을과 겨울에는 꽃을 거두고 잎을 떨어뜨리는 것이 활기입니다. 그리고 이 활기가 바로 열매 맺기를 가능케 합니다. 삶이란 이처럼 다양한 생명의 기운들이 순환하는 가운데서만 만들어집니다.

중독은 이 순환의 흐름을 막아 버립니다. 이로부터 삶의 풍성함은 사라지게 되고, 나아가 삶 그 자체를 잃어버리게 됩니다. 술이나 약으로 인해 중독된 몸이 걷는 길이 이것입니다. 술이나 약이 주는 흥분 상태를 탐닉하며, 그 상태에서만 자기 존재를 느끼고, 여기서 깨어나면 괴로움과 허무감을 견디지 못해 다시 술과 약을 찾게 되는 상태. 그렇게 술과 약이 삶이자 존재가 되어 버린 상태. 누가 이런 삶을 멋지다 할 수 있을까요? 그러니 이제 우리는 청춘에 묶인 마음 또한 다시 바라봐야 합니다. 우리는 청춘의 뜨거움에 매달려 삶을 달구고 달구다가 결국 우리 존재가 타들어 가는 것도 잊어버렸는지도 모릅니다. 청춘이 아무리 아름답다 해도, 그것은 그저 아름다움에 중독된 삶일 뿐입니다.

05

어떻게 아플 것인가

한스 가다머, 고통이라는 질문

안젤리나 졸리, 고통 그리고 두려움

마사오카 시키, 아픈 것은 아픈 것이고 예쁜 것은 예쁜 것이다

이반 일리히, 고통조차 삶이 되는 길

한스 가다머,
고통이라는
질문

101살을 맞이한 노년의 철학자는 안경을 쓰지도, 보청기를 끼지도 않았으며, 심지어 의치도 없었습니다. 그는 여전히 종종 강의를 하러 나갔고, 집으로 찾아온 손님들과 깊은 대화를 나누기도 했습니다. 그의 나이에 걸맞은 것이라곤, 하얗게 센 머리, 주름진 얼굴, 그리고 양손에 짚고 있는 지팡이 정도였습니다. 그는 장수의 비결을 묻는 질문에 이렇게 짤막하게 답합니다.

"일찍 병치레를 한 덕분."

1900년에 태어나 한 세기를 오롯이 살고 21세기를 맞이한 이 독일 철학자의 이름은 '한스 게오르크 가다머'입니다. 그는 1922년 폴리오를 앓았습니다. 폴리오는 우리에게 소아마비로 더 잘 알려져 있습니다. 소아마비라는 이름은 폴리오에 대해 제대로 알려지지 않았던 1840년, 독일의 의사 하이네가 처음으로 이 병을 다른 마비성 질환과 구별하여 소아척수마비라는 이름을 붙인 데서 유래합니다. 그러나 소아마비는 이름과는 달리 성인들 또한 걸릴 수 있는 감염성 질병입니다.

폴리오는 바이러스에 의해 발생하는 전염성 질환입니다. 대부분의 경우에는 이 바이러스에 감염되어도 별 이상이 없거나 가벼운 증상으로 끝납니다. 하지만 1% 정도의 확률로 이 바이러스가 혈관을 뚫고 뇌나 척수로 들어가면 신경계의 운동 세포를 망가뜨립니다. 이로 인해 마비가 일어나며, 이 가운데 5~10%의 환자는 목숨을 잃습니다.

오염된 물에 의해 전염되는 이 바이러스는 19세기 말에서 20세기 초 급격한 산업 발전으로 인해 더욱더 비위생적이 된 도시들을 중심으로 대대적으로 유행했습니다. 더운 기후를 좋아하는 폴리오 바이러스는 여름이 되면 기승을 부리다 겨울이 되면 물러나고, 다시 다음 해 여름이 되면 창궐하는 식으로 도시 전체를 휩쓸었습니다.

가다머가 폴리오에 감염된 것 역시 8월이었습니다. 박사 학위 논문이 통과된 지 얼마 되지 않아서였죠. 폴리오는 도시 전역으로 퍼져 나갔고, 가다머는 더 심각한 감염을 막기 위해 몇 개월 동안을 꼼짝없이 방 안에 갇혀 지내야 했습니다. 그렇게 겨울이 왔고, 가다머는 폴리오에서 서서히 회복되어 갔습니다. 하지만 그의 다리만큼은 다시 돌아오지 않았습니다. 이후 그는 평생을 다리가 주는 고통을 곁에 두고 살아야 했습니다.

가다머는 폴리오를 앓는 동안 염증으로 인해 극심한 척추 통증에 시달려야 했습니다. 그는 이때 고통이란 것과 정면으로 마주하게 됩니다. 그 후 비록 통증은 잦아들었지만, 쇠약해진 다리와 함께 살아가면서 끊임없이 고통의 문제와 맞닥뜨려야 했죠. 그렇게 그는 삶과 고통이란 질문 앞에 서게 됩니다.

고통으로 깨어나는 세계

고통은, 가다머가 폴리오로 인해 방 안에 갇혀 생활해야 했듯, 외부 세계를 향한 문을 닫아 버립니다. 그러면 우리는 세계 밖으로 내몰려 고통 속에 갇히게 됩니다. 우리가 병을 두려워하는 이유가 여기에 있습니다. 세상으로부터 고립되어 있다는 느낌, 그래서 세상에서 소외되어 나 홀로 있다는 그 느낌을 피하고 싶은 겁니다.

그러나 하나의 세계와의 결별은 언제나 다른 세계와의 접속이기도 합니다. 그것은 이제까지 뒤로 물러나 있던 '나'라는 존재와의 접속입니다. 건강할 때 우리는 우리 자신에게 전혀 주의를 기울이지 않은 채 세계를 바라보고, 지각하며, 하고픈 일을 합니다. 고통은 이 시선을 나에게 되돌립니다. 이제 외부 세계가 배경으로 물러나고 나라는 세계가 앞으로 떠오릅니다.

고통이 열어 준 이 세계는 우리에게 낯섭니다. 아프기 전, 일상에서 자연스럽게 받아들였던 모든 것들이 서걱거리며 다가옵니다. 행동 하나하나가 신경이 쓰이기 시작하고, 이렇게 움직여야 하는지, 저렇게 움직여야 하는지 매번 주의를 기울이게 됩니다. 그야말로 내 행동 하나하나가 질문이 되어 돌아옵니다. 그리고 이 질문들은 또 다른 질문들로 이어집니다. 병이란 무엇인지, 고통을 겪어 나간다는 것은 어떤 의미인지, 병과 고통은 우리에게 무엇을 말해 주는지 능 삶에 대한 근원적 질문에 봉착하게 되는 겁니다.

이 물음들 앞에서 외부 세계는 나의 행동 하나하나와 관련지어 들어옵니다. 그러면서 나는 나라는 개체가 가진 지평을 넘어 타자를 포함한 보편적 존재와 삶으로 나아갑니다. 거기에는 나와 분리된 외부나 타자는 더 이상 존재하지 않습니다. 외부로 열린 문이 곧 나를 향하는 문이 되고, 세계는 하나의 총체성으로 다가오는 겁니다.

물론 모든 고통이 언제나 이런 경험을 만들어 내는 것은 아닙니다. 우리는 이런 질문들 대신 병 자체에만 집중할지 모릅니다. 그저 어떻게 하면 병을 없앨 수 있는지에만 신경을 쓰는 것이죠. 이 상태에서는 나란 존재로 문이 열리기는커녕, 오히려 자기 자신에 대한 극심한 소외가 일어납니다. 이런 면에서 가다머는 현대 의학에 대해 비판적입니다. 현대 의학은 병을 찾아내서 파괴해야 하는 독립적 존재로 다룹니다. 병을 병에 걸린 사람과 분리된 것으로 만드는 겁니다. 이로 인해 우리의 시선은 병에 묶이게 되고, 그 치료란 우리 자신을 소외시키는 과정이 됩니다. 결국 나라는 존재를 만날 기회도, 이를 넘어서 다른 지평이 열릴 기회도 모두 차단되어 버립니다.

현대 의학은 이런 식으로 고통을 제거하는 능력을 통해 빠르게 처리될 수 있는 특정 질병이 인간의 삶에서 가지고 있던 위상을 바꾸어 놓았다. 약간의 주의만 기울이면 그 병은 사라진다. 건강이 악화되기 전에 나와 많은 대화를 나누던 바이츠체커는 언제나 다음과 같이 묻곤 했다.

질병은 그 병을 앓는 사람에게 무엇을 말해 주는가?

내가 묻고자 하는 것은, 그 병이 의사에게 무엇을 말하느냐 보다는 환자에게 무엇을 말하는가 하는 점이다. 병을 앓는 사람에게는 스스로 그런 질문을 던지는 법을 배우는 것이 도움이 되지 않겠는가?

— 한스 게오르크 가다머, 『철학자 가다머 현대 의학을 말하다』에서

고통, 질문이 되다

가다머는 컴퓨터를 어떻게 생각하느냐는 질문에 컴퓨터는 질

문을 하지 않는다고 말합니다. 컴퓨터는 인간보다 훨씬 빠르게, 훨씬 더 좋은 답을 찾아낼 수 있습니다. 하지만 결코 스스로 질문을 만들지는 못합니다. 이것이 기계와 인간의 차이입니다.

고통은 바로 우리를 그 질문이란 것으로 내몹니다. 아픔이란 경험 앞에서 예전에는 그저 당연히 여기던 많은 것들이 질문이 되어 돌아오는 것이죠. 내 신체에 대해, 사람과의 관계에 대해, 우리 사회와 삶에 대해 질문들이 떠오르는 겁니다. 이로써 우리의 경험에서 망각되었던 세계가 비로소 깨어나게 됩니다.

질문은 우리를 깨어나게 합니다. 그리고 질문함으로써만 우리는 깨어 있을 수 있습니다. 가다머는 폴리오를 겪으면서 그렇게 깨어 있었습니다. 고통을 겪는 한 존재로서 자신에 대해, 병듦을 그 운명으로 가진 삶에 대해 물었습니다. 그렇게 그 물음들이 그의 철학적 사유의 한 축을 이루게 되었습니다. 병치레를 장수의 비결이라 했던 것 역시 이런 의미일 겁니다. 폴리오로 인해 그는 항상 신체에 대해 깨어 있었고, 그럼으로써 자신에게 적합한 삶의 규범들을 만들어 내면서 건강하게 살아갈 수 있었다는 것이지요. 이처럼 병과 고통은 인간을 깨어나게 만드는 하나의 경험입니다.

이제 우리는 가다머 말고도 세 명의 사람들을 통해 구체적으로 이 경험들을 만나 보려 합니다. 그들은 각자 자신의 방식으로 아픔을 겪어 나갔습니다. 우리는 그 속에서 그들이 어떤 질문들을 품었는지, 또 어떻게 질문을 던졌는지를 보게 될 것입니다. 그리고 그것은 우리 자신의 삶에서 어떤 질문들을 만들어 나가야 하는지를 이야기해 줄 것입니다.

안젤리나 졸리,
고통
그리고 두려움

© Phil Stafford / Shutterstock.com

이야기 하나. 한 여자가 눈병을 심하게 앓고 있었습니다. 그녀의 친구 한 명이 그 모습을 보고 물었습니다.

"어쩌다 눈병을 앓게 된 거야?"

그녀는 대답했습니다.

"눈이 있기 때문에 눈병을 앓는 거 아니겠어?"

이 말을 들은 친구가 말했습니다.

"맞아. 눈이 있으니 눈병을 앓을 수밖에 없는 거지. 그렇다면 아직 내 눈은 멀쩡하지만, 그 두 눈을 도려내야겠어. 나중에 눈병이 날까 두렵거든."

이 말을 옆에서 듣고 있던 사람이 말했습니다.

"눈이 있으면 눈병을 앓을 수도 있고, 앓지 않을 수도 있다네. 그러나 눈이 없으면 죽을 때까지 계속 앓게 될 걸세."

이야기 둘. 할리우드 스타 안젤리나 졸리의 어머니는 10년 동안 난소암으로 투병을 하다가 돌아가셨습니다. 그리고 유전자 검사를 받은 졸리는 자신에게 유방암과 난소암을 유발하는 유전자로 알려진 BRCA1이 있음을 알게 되었습니다. 졸리는 어머니와 똑같은 상황을 겪고 싶지 않았습니다. 그녀는 결국 유방암와 난소암의 싹을 잘라 버리기로 마음먹었습니다. 그렇게 2013년 졸리는 유방 절제 수술을 했고, 2년 뒤인 2015년 난소와 나팔관도 제거했습니다.

첫 번째 이야기는 불교 경전인 『백유경』에 나온 우화이고, 두 번째 이야기는 지금 우리 현실에서 벌어진 일입니다. 다른 시간, 다른 공간임에도 불구하고 두 이야기는 묘하게 닮아 있습니다. 마치 상상의 우화가 2000년의 시간을 뛰어 넘어 오늘의 현실에 그대로 나타난 듯한 느낌을 줍니다.

그렇지만 우리는 이 두 이야기에 대해 서로 다른 느낌 또한 받습니다. 경전의 우화에 나온 여성에 대해서는 어리석다고 서슴없이 말할 수 있지만, 졸리의 경우에는 뭔가 주춤거리게 되는 것이죠. 이렇게 서로 다른 반응이 나오는 이유는, 졸리에게는 유전자 검사라는 과학적 과정이 있었기 때문일 겁니다. 하지만 그런 과학적 근거에도 불구하고 무언가 꺼림칙한 기분이 드는 것은 무엇 때문일까요?

잠재적 암 환자를 위한 치료?

BRCA(Breast Cancer) 유전자는 유방에 종양이 생기는 것을 억제하는 유전자입니다. 그런데 이 유전자에 변이가 생기면 암 세포를 막지 못해 유방암 위험이 증가한다고 합니다. 그 돌연변이 유전자 중 하나가 졸리에게서 발견된 BRCA1입니다. 이 유전자는 물론 할머니에게서 어머니로, 그리고 졸리에 이른 것입니다. 졸리의 할

머니, 어머니, 그리고 이모는 모두 유방암이나 난소암으로 돌아가셨습니다. 유전자에 가족력까지 더해져 졸리는 유방암 확률 85%, 난소암 확률 50%라는 판정을 받습니다.

이런 유전자 검사에 따르면, 졸리는 '잠재적' 암 환자입니다. 아직 아무런 암이 발생하지 않았지만, 단지 위험 인자가 있다는 이유로 졸리는 수술대를 택합니다. 더욱이 그녀는 유방을 완전히 제거합니다. 의학의 발달로, 실제 유방암 수술에서도 부분 절제를 하는 추세임에도 말이죠. 그리고 이어지는 난소 제거 수술. 유방과 달리 난소 제거는 몸에 큰 변화를 줍니다. 여성 호르몬의 이상이 생기는 겁니다. 그러나 졸리는 과감히 나팔관과 함께 난소를 들어냅니다.

사실 유방을 제거한다고 해도 유방암을 완전히 예방할 수 있는 것은 아니라고 합니다. 유방 절제 수술을 받으면 발병 확률이 5%로 떨어지기는 합니다. 하지만 여전히 5%라는 확률이 남아 있습니다. 그러니 언제든 그 5%가 유방암으로 나타날 수 있습니다. 그렇기에 여기서 그 발병 확률이라는 것 자체를 다시금 생각해 볼 필요가 있습니다.

발병 확률이 85%라는 것은 관련 유전자를 가진 사람이 100명일 때, 그중 85명에게 암이 나타날 수 있다는 의미입니다. 내가 그 85명에 들지, 아니면 나머지 15명에 들지는 모르는 일입니다. 그럼에도 우리는 나한테 그런 일이 벌어질 확률이 85%라고 받아들입니다. 마치 내 인생의 85%가 그런 위험에 노출된 듯 느끼는 것이죠. 반면 5%라는 확률이 되면, 우리는 왠지 안심이 됩니다. 100명 중 5명 안에 내가 들어가지 않을 것처럼 느껴지기 때문입니다. 하지만 암이 발생하지 않는 95명 안에 든다는 보장은 그 어디에도 없습니다.

설령 유방암이나 난소암이 발병한다 해도, 이 암들은 조기 발견만 된다면 거의 완치가 됩니다. 위험 유전자를 가지고 있어서 좀 불안하다면 정기적으로 검진을 받는 것만으로도 충분합니다. 비록 병원을 다녀야 하는 번거로움이 있기는 하지만 수술대 위에서 전신 마취를 하고 아무 문제도 없는 유방과 난소를, 어쩌면 죽는 날까지 아무런 문제도 없을 유방과 난소를 들어내는 것보다는 이편이 훨씬 나을 겁니다.

그럼에도 안젤리나 졸리는 수술대에 올랐습니다. 그녀가 이런 사실들을 몰랐다고는 생각되지 않습니다. 그러나 그녀에게 이런 사실들은 중요한 것이 아니었을 겁니다. 왜냐하면 그녀를 사로잡은 것은 어머니와 같은 일을 겪고 싶지 않다는 것 즉, 고통에 대한 두려움이었기 때문입니다.

고통에 대한 두려움

고통에 대한 두려움이 어떤 것인지를 잘 보여 주는 또 다른 여성이 있습니다. 졸리처럼 영화배우도 스타도 아닌 한 명의 평범한 여성인 이케노 아사코. 30대인 아사코는 12살이 되던 해부터 섭식장애를 앓았습니다. 그리고 18세가 되었을 때, 과도하게 음식을 먹고 토하기를 반복하는 섭식구토 증상이 나타납니다. 거기에 더해 그녀는 알코올 의존증까지 있었습니다.

아사코는 섭식구토를 하는 자신이 혐오스러웠지만, 그렇게 먹고 토하고 나면 무언가 편안한 감정을 느껴서 멈출 수가 없었습니다. 그것은 섭식구토라는 고통을 통해 다가올 고통에 대한 두려움을 마비시키는 것이었습니다.

신체적, 심적 고통을 느끼게 되면, 곧 내 자아가 그 뿌리부터 붕괴되어 버릴 것 같은 강한 공포가 항상 내 마음을 채웠다. 자아가 붕괴되는 공포로부터 내 자신을 지키기 위해서는 과식구토를 이용해 고통을 마비시키는 완충 장치가 어떻게든 필요했다. 많은 음식을 위에 밀어 넣은 후 무리해서 토해 내는, 신체에 가하는 그 궁극의 고통으로 인해, 그리고 과식구토 후에 일어나는 격렬한 자기 증오의 고통으로 인해, 그 외의 다른 고통은 그다지 크게 느껴지지 않는 효과가 있었다.

— 이케노 아사코, 『현대사상』 2011년 8월호, 「고통을 마비시키는 것, 고통을 재획득하는 것」에서

작은 신체적, 심적 고통에 대해서도 자신이 완전히 무너져 버릴 것 같은 공포. 이 공포가 주는 고통을 마비시키기 위해 과식구토를 이용한 것입니다. 위가 찢어질 듯이 음식물을 밀어 넣고, 다시 그것을 토해 내는 극심한 고통은 미래의 고통을 잠시나마 잊게 만들었습니다. 그러나 이런 식으로 과식구토를 해 대는 자신의 모습에 아사코는 자괴감을 느꼈습니다. 그래서 이번에는 그 고통을 마비시키기 위해 술을 찾았습니다. 고통의 마비를 위한 과식구토, 그리고 다시금 이어지는 술을 통한 고통의 마비. 그렇게 계속되는 악순환 속에 아사코의 삶은 엉망이 되었습니다.

자신에게 미리 고통을 줌으로써 앞으로 다가올 고통에 대한 두려움을 다스리는 경우는 자해 환자에게서도 나타납니다. 뭔가 일이 벌어질 것 같은 느낌, 그래서 자신이 완전히 소멸될 듯한 두려움이 덮쳐 오면 자해를 통해 그 고통을 해소하는 겁니다. 자신을 소멸시킬지 모를 사건을 대신해 자신이 제어할 수 있는 사건, 즉 죽지 않을 정도의 자해를 하는 것이죠. 물론 그 사건이 실제로 일어날 일인지 아닌지, 또는 그 사건이 큰지 작은지는 아무런 상관이 없습니다. 문제는 어떤 사건이 일어난다면, 그 사건이 주는 고

통을 통과할 수 없을 거라는 극심한 공포이기 때문입니다.

아사코와 자해 환자의 공통점은 고통에 대해 극심한 공포를 느낀다는 점입니다. 아주 작은 고통도 견뎌 낼 수 없을 것이라는, 그래서 자신이 완전히 무너져 버릴 것이라는 공포 말이죠. 안젤리나 졸리를 수술대로 이끈 것도 이런 공포일 겁니다. 오랜 투병 생활을 했던 어머니의 고통을 보며, 크나큰 두려움을 느꼈을 졸리. 졸리는 그런 두려움을 미리 유방과 난소를 제거함으로써 진정시키고 싶었던 것이죠.

하지만 우리가 살아 있는 한, 고통을 주는 아픔들은 언제든 다시 찾아옵니다. 졸리의 그 유전자가 있는 한, 계속해서 암의 발병률이 남아 있듯이요. 심지어 그런 유전자가 없는 평범한 여성도 발병률이 11%에 이른다고 합니다. 결국 확실하게 말할 수 있는 것은 하나, 미래란 불확실하다는 것입니다.

졸리와 아사코의 두려움은 이 불확실성에서 기인한 것으로 보입니다. 그러나 그녀들이 느끼는 두려움의 본질은 조금 다른 곳에 있습니다. 그것은 불확실성도, 고통 그 자체도 아닌, 자기 자신에 대한 극도의 무력감입니다. 자신은 도저히 고통을 통과할 수 없을 것이라는 느낌, 자신에게는 고통을 다룰 능력이 없다는 스스로에 대한 불신, 그래서 고통 앞에서 무방비 상태로 서 있을 자신의 무능력에 대한 불안. 바로 이것이 그 두려움의 뿌리입니다.

마사오카 시키,
아픈 것은
아픈 것이고
예쁜 것은
예쁜 것이다

마사오카 시키는 일본 근대 운문 문학의 새로운 길을 연 사람입니다. 17자로 이루어진 짧은 문장에 자연과 삶을 녹여내 일본의 시를 혁신하고, 이에 '하이쿠'라는 이름을 붙인 것이 마사오카 시키입니다. 그는 그 짧은 시만큼이나 서른다섯 해라는 짧은 삶을 살았습니다.

시키는 22세가 되는 1889년, 폐결핵 진단을 받습니다. 그해 봄, 갑작스러운 각혈이 찾아온 것입니다. 각혈을 한 후, 그는 피를 토하며 운다는 두견새를 주제로 수십 편의 하이쿠를 짓습니다. 그리고 두견새를 뜻하는 '시키'를 자신의 필명으로 쓰기 시작합니다.

병이 깊어진 것은 28세에 종군 기자로 중국을 다녀오면서부터였습니다. 일본으로 돌아오는 배 안에서 각혈을 한 시키는, 도착하자마자 병원에 입원하게 됩니다. 그리고 한 달간 요양소에 머물며 치료의 시간을 가졌습니다. 하지만 병은 호전되지 않았습니다. 결국 다음 해, 결핵균이 척추로 전이하면서 대부분의 생활을 누워 지내야 했습니다. 몇 번의 수술을 했지만 별 소용이 없었고, 그렇게 병은 하루가 다르게 깊어져 갔습니다.

전이된 결핵균은 척추를 완전히 망가뜨렸습니다. 움직이는 것은 고사하고, 통증으로 인해 몸을 뒤척이는 것조차 힘들었습니다. 고통에 몸부림치며 잠 못 드는 밤을 지내기도 하고, 통증을 이기지 못해 쇼크가 일어나기도 했습니다. 그렇게 시키는 7년여 시간을 고통과 싸우며 병상에 누워서 지내게 됩니다.

생의 마지막 시기에 시키는 이루 말로 다할 수 없는 고통을 겪었습니다. 도저히 어찌할 도리가 없어서 죽음을 욕망하게 되는 그런 고통이었죠. 그러나 시키는 죽음 대신 글을 선택합니다. 그 글들에는 고통을 통과해 삶으로 가는 과정이 고스란히 담겨 있습니다. 그것은 고통 속에서 조우한 삶이자, 고통이 열어 준 세계에 대한 기록입니다.

희망이라는 고통

아프다는 것은 무엇보다 즐거움과 자유가 하나씩 사라지는 경험입니다. 시키는 이제는 잃어버린 즐거움과 자유에 대해 생각해 봤습니다. 연극이나 전람회를 보는 즐거움, 꽃구경 가는 즐거움, 술 마시고 미인 무릎을 베개 삼는 즐거움, 맛난 것을 먹고 배를 두드리는 즐거움, 친구 집에 찾아갈 자유, 화장실에 갈 수 있는 자유, 짜증 날 때 화풀이하러 밖에 나갈 수 있는 자유, 화재나 지진이 났을 때 빨리 뛰쳐나갈 수 있는 자유 등. 이제 남은 것이라고는 음식을 먹는 즐거움과 글을 쓰는 자유이건만, 그나마 이것들도 통증이 심해져 제대로 할 수 없는 상태였습니다.

이런 그에게 기독교 신자 한 명이 찾아와 사후 세계에 대한 믿음을 가져 볼 것을 권합니다. 그러나 시키는 말합니다. 그런 호의는 고맙지만, 현재의 고통이 너무나 극심해 죽은 이후의 영원한 행복에 대해서는 생각할 여력이 없노라고. 자신에게 급한 것은 미래의 시간, 그 사후의 평온이 아니라, 지금 당장 하루라도 통증 없이 지내는 것이라고.

시키에게는 사후의 행복이 아니라, 살아 있는 하루하루의 희망이 필요했습니다. 하지만 병상에 누워 지내기 시작하면서 시키가 느낀 것은 희망의 크기가 점점 줄어든다는 사실이었습니다. 병이 깊어질수록, 그래서 자신의 처지가 더 나빠질수록, 희망의 크기도 함께 작아졌습니다. 누워 지내기 시작했을 때는 마당이라도 걸었으면 하던 것이, 시간이 흐르자 고통 없이 편히 누워 지내는 것만이라도 허락되길 소망하게 됩니다.

병상에서 내 희망은 처음보다 지극히 작아져, 멀리 걸을 수 없더라도 좋으니 그저 마당 안이라도 걸을 수 있다면 했던 것이 4~5년 전의 일이다. 그 후 1~2년 지나, 걸을 수 없더라도 설 수만 있다면 기쁠 것이라고 생각하며 너무 작은 소망일까 하고 다른 사람에도 말하며 웃었는데, 재작년 여름부터는 일어설 수는 없더라도 앉는 것만이라도 병을 주관하는 신이 허락해 주었으면 하고 푸념하게 되었다. 그럼에도 희망의 축소는 여전히 여기에서 멈추지 않는다. 앉는 것은 고사하고 한 시간만이라도 고통 없이 편안히 누워 있을 수 있다면 얼마나 기쁠까 하는 것이 어제오늘의 내 희망이다. 작은 바람인 것일까? 이제는 내 소망도 더 이상 작아질 수 없을 정도까지 이르렀다. 이 다음 차례는 희망이 0이 되는 시기다. 희망이 0이 될 때, 석가는 이를 열반이라 하고 예수는 이를 구원이라 하겠지.

— 마사오카 시키, 『마사오카 시키 수필선』에서

희망이란 미래에 대한 기대를 담고 있습니다. 아픈 사람에게는 이 미래가 좁아집니다. 할 수 있는 일이 줄어들고, 그런 만큼 미래로 열린 길 역시 좁아지게 되는 겁니다. 그렇게 시키의 소망은 더는 작아질 수 없는 지경에 이르게 됩니다. 이제 남은 것은 아무런 희망도 없는 상태. 시키는 이를 열반, 또는 구원이라 부릅니다. 어쩌면 그것은 아무런 고통도 없는 죽음의 상태를 가리킬지도 모르겠습니다.

이 글을 쓴 지 몇 개월 후, 시키는 실제로 희망이 0인 상태로 향합니다. 자살을 시도한 겁니다. 어느 날, 참을 수 없는 고통이 시키를 찾아들었습니다. 그 고통 앞에서 번민에 빠진 시키는 죽음이 코앞에 다가왔다는 느낌을 받습니다. 시키는 죽기 전 가까운 친구를 보고 싶었고, 그 친구에게 전보를 쳐 달라고 어머니에게 부탁

합니다.

어머니가 전보를 치러 간 사이, 시키는 병상 옆에 흐트러져 있던 작은 칼과 송곳을 봅니다. 억눌러 왔던 자살욕이 치밀어 올랐습니다. 칼과 송곳은 제대로 죽을 수 있을지 의문이 들 정도로 작은 크기였습니다. 옆방에는 단번에 목숨을 끊어 줄 만한 면도칼이 있었지만, 고통이 너무나 심해 기어서 움직일 수도 없는 상태였습니다. 시키는 작기는 해도 몇 번을 찌르면 죽지 않겠는가라는 생각에 칼을 잡아 듭니다.

칼을 든 시키의 마음은 요동쳤습니다. 두려움이 솟아올랐고, 삶에 대한 미련이 그를 흔들었습니다. 시키는 버둥대는 마음을 안고 결국 울음을 터뜨렸습니다. 살자니 너무나 고통스럽고, 죽자니 한없는 두려움이 덮쳐 오도 가도 못 하는 자신에 대한 자괴감이 그로 하여금 울음을 터뜨리게 했던 것입니다. 그때 전보를 치러 갔던 어머니가 돌아오셨습니다. 그렇게 시키의 자살 시도는 끝을 맺었습니다.

한바탕 서러운 울음을 쏟아 낸 시키는 눈을 뜰 수가 없었습니다. 눈이 떠지지 않으니 아무것도 할 수 없어서, 그저 누워서 이러저런 생각을 했습니다. 죽음이 임박했다는 느낌이 들었고, 그러자 즐거움이 느끼고 싶어졌습니다. 즐거움에 대한 욕망은 다시 별난 음식을 먹고 싶다는 생각으로 이어졌고, 그러려면 용돈이 필요하다는 생각에 미쳤습니다. 하지만 딱히 돈을 벌 방법이 없던 시키는 책들을 팔아야 하는지 고민했지만, 책만은 팔고 싶지 않았습니다. 꼬리에 꼬리를 무는 생각, 그럴수록 시키는 괴로워지고, 화가 치밀어 올랐습니다. 그랬습니다. 아무리 작은 희망도 그에게는 고통이었습니다. 육체적 고통 위에 정신적 번민으로 인한 고통이 더해졌습니다. 희망은 말 그대로 희망일 뿐, 현실의 비참함만을 더욱 도드라지게 하는 것이었습니다.

아픈 것과 예쁜 것

시키는 죽음으로 다가오는 고통 앞에서 죽음을 직시해 보기로 합니다. 죽음을 느끼는 데에는 두 가지 방법이 있습니다. 하나는 주관적인 것이고, 다른 하나는 객관적인 것입니다. 주관적인 느낌은 고통이 찾아와 실제로 죽음을 몸과 마음으로 느끼는 것입니다. 이는 두렵고 괴롭고 슬픕니다. 반면 객관적인 느낌은 마음은 살아서 죽은 몸을 바라보는 상태입니다.

시키는 이런 객관적 상태로 자신의 죽음을 구체적으로 그려 봅니다. 그런데 그 모습이 마냥 슬프고 허망한 것만은 아니었습니다. 죽은 자신의 상태에서 가장 견디기 힘들 일을 떠올려 보니 관이 작다는 것이었습니다. 가뜩이나 폐결핵으로 답답한 가슴을 안고 죽었는데, 그런 옹색한 관이란 게 영 마뜩치 않았습니다. 매장 방식에 대해서도 생각해 봤습니다. 비석을 세우고 땅에 묻는 것은 아무래도 갑갑해 싫다는 둥, 수장을 하면 수영을 못 하는데다가 물고기가 와서 건드리는 게 기분 나쁠 것 같다는 둥, 고려장을 해서 들판에 놓이면 수의가 얇아 감기에 걸리기 쉽고, 새가 날아와 배꼽을 주둥이로 쪼면 신경질이 날 거라는 둥. 산 자의 시선으로 죽음을 보자니 이런 우스꽝스러운 걱정들이 떠올랐던 겁니다.

우리가 갖는 죽음의 공포는 이런 것이 아닐까요. 사실 죽음은 살아 있는 우리 자신에게는 체험되지 않습니다. 무언가를 느끼는 순간은 살아 있는 것이며, 죽음의 순간은 그 모든 것이 끝나서 죽음조차도 느낄 수 없기 때문입니다. 하지만 우리는 살아 있음을 가지고 죽음을 상상합니다. 시키는 그것이 얼마나 얼토당토않은 걱정인지를 깨달았습니다. 어떤 면에서 슬프고 허망한 것은 죽음 그 자체라기보다는 죽음에 대한 이런 상상인 것입니다.

희망 또한 그렇습니다. 미래로 내달리는 소망 속에 현재 내 삶은 없습니다. 희망의 밝은 빛에 현재의 삶은 더욱 어두워집니다. 시키는 죽음에 대한 두려움, 희망이 주는 절망 사이로 반짝 빛나는 삶을 마주합니다. 그것은 정신적 번뇌에 가려져 있던 삶이었습니다.

유리 항아리 속에 금붕어 열 마리가량 넣어 책상 위에 놓아 두었다. 나는 아픔을 참으면서 병상에서 찬찬히 들여다보고 있다. 아픈 것도 아픈 것이지만 예쁜 것도 예쁜 것이다.

— 마사오카 시키, 『마사오카 시키 수필선』에서

고통은 고통일 뿐입니다. 그러나 고통은 쉽게 번뇌로 이어져 고통이 없는 순간들까지 잠식해 들어갑니다. 그래서 우리는 아플 때 아픔만을 겪지 않습니다. 아프다는 생각이 마음을 가득 채워서, 아프지 않은 시간들까지 아프면서 지냅니다. 아픔이 모든 삶을 먹어 치우는 것이지요. 그러나 시키는 더 이상 삶을 고통에 내어 주지 않습니다. 아픈 것도 아픈 것이지만, 예쁜 것도 예쁜 것입니다.

병상육척을 쓰다

아파서 누워 있노라면 무엇보다 갑갑증이 납니다. 밖의 세상은 넓기만 한데, 병상은 좁디좁게 느껴지는 것이죠. 침상에 묶여 움직일 수 없는 자신의 몸은 처량하다 못해 비루해 보이기까지 합니다. 그럴 때 머릿속은 얼른 나아서 바깥세상으로 나가고 싶다는 생각으로 가득 찹니다. 그러나 이런 소망 자체가 불가능한 경우가 있습니다. 시키가 바로 이런 경우였습니다.

시키는 더 이상 희망하지 않습니다. 그렇기에 절망하지도 않습니다. 대신 그는 한 순간, 한 순간을 살아갑니다. 그러고 보니 자신이 누워 있는 6척의 병상이 좁기만 한 것은 아니었습니다. 마음대로 손을 뻗을 수도, 다리를 휘저을 수도 없는 자신에게 더 큰 공간이 주어진다고 무슨 소용이 있겠습니까. 그에게 6척이라는 크기는 오히려 큰 것이었습니다.

병상 6척, 이게 나의 세계다. 그런데도 이 여섯 자의 병상이 나에겐 너무 넓다. 손은 조금만 뻗어도 다다미 바닥에 닿을 수 있으나, 이불 밖까지 발을 쭉 뻗으며 몸을 푸는 일은 없기 때문이다. 심할 때에는 극단적인 고통에 시달려 한 치도 몸을 움직이지 못한다. 통증, 번민, 울부짖음, 그리고 진통제, 죽음으로 향하는 길에서 겨우 한 줄기 활로를 찾아 잠시 탐닉하는 안락의 덧없음이여. 그래도 살아 있으면 하고 싶은 말은 하고 싶어지는 법이라, 매일 읽는 것이라야 신문·잡지 정도지만—그런 것조차 읽지 못하고 고통스러워 할 때가 많지만—읽으면 화나는 일, 부아가 치미는 일도 있고, 때로는 기쁜 마음에 잠시나마 병고를 잊는 일도 없지 않다. 일 년 내내 그것도 6년이나 바깥세상은 구경도 못 하고 자리보전하고 있는 병자 신세는 대충 이렇다고 전제하고.

— 마사오카 시키, 『마사오카 시키의 병상육척』에서

시키는 병상에서 겪은 하루하루의 기록을 「병상육척」이란 제목으로 신문에 연재하기 시작했습니다. 그곳에는 고통으로 인한 울부짖음만큼이나 기쁜 일, 화나는 일, 재미난 일, 지루한 일이 들어 있습니다. 고통으로 울고불고 소리치다가도 고통이 물러나 맛있는 두부 요리와 술 한 잔을 하곤 기분이 좋아진 시키가 있습니다. 간병을 해 주는 여동생이나 엄마가 집안일에 바빠 자신을 돌보지 않아 불평을 늘어놓는 시키도 있습니다. 꿈에 그리던 그림 한 점을 보고는 고통도 모두 잊고 하룻밤만이라도 그 그림을 껴안고 자고 싶어 안달이 난 시키가 있는가 하면, 자신의 문학 이론을 펼치는 진지한 시키가 있고, 하루 종일 재미난 이야기 하나 못 들어 지루해하는 시키도 있으며, 병상 주변의 물건들을 세심히 바라보는 시키도 있습니다.

죽기 이틀 전까지 써 내려간 127편의 병상 일기에는 아픈 시키가, 그러니까 살아 있는 시키가 있습니다. 시키는 고통스러울 때는 고통스럽다고 말했습니다. 하지만 딱 거기까지였습니다. 고통이 오면 고통을 살았고, 고통이 사라지면 사라진 그 시간을 살았습니다. 그는 결코 삶을 고통으로 덧칠하지 않았습니다.

무엇보다 시키는 아픈 자신을 어떤 연민도 없이 바라봅니다. 요절하는 문학가라는 낭만주의적 감상에 빠지지도 않습니다. 그는 고통 앞에서 한없이 어리석은 자신의 모습을, 건강한 자신이었어도 비웃어 줄 만한 그런 모습들을 가감 없이 보여 줍니다. 심지어 다른 사람들에게 연민을 바라는 마음조차 솔직하게 적어 놓았습니다. 그래서 그의 글에는 극심한 고통은 있으나 비애는 없으며, 자신에 대해 불평하는 목소리는 있으나 애수의 잔향은 없습니다. 오히려 고통 앞에서 유치하게 구는 자신의 모습을 너무 적나라하게 적어 놓아 살포시 웃음이 날 정도입니다.

희망이 0이 되는 자리에서

시키는 온전히 아팠고, 온전히 살았습니다. 고통이 찾아오면 어찌할 도리가 없었고, 이 번민에서 벗어나는 길은 현재의 증상에 몸을 맡기는 것뿐이었습니다. 체념 말고는 다른 방법이 없었습니다. 그리고 여기서 시키는 포기 그 이상의 어딘가로 나아갑니다.

비유를 하여 설명하자면 여기에 아이가 하나 있다. 이 아이에게 섭생을 위해 부모가 뜸을 떠 준다고 치자. 그럴 때 아이가 뜸 뜨기 싫다고 울거나 도망치면 아기는 포기하지 않는 게 된다. 만일 그 아이가 도망치려 해도 도저히 도망칠 수 없는 상황이라고 판단하여 부모의 명령대로 얌전하게 뜸을 뜬다면, 그건 이미 포기한 것이다. 그러나 아이가 고통을 참지 못하고 뜸을 뜨는 내내 지속적으로 정신적 고통을 느낀다면 그건 조금은 포기한 게 되나 포기 그 이상은 아니다. 만약에 그 아이가 부모의 명령대로 얌전히 뜸을 떴을 뿐만 아니라, 뜸을 뜨는 동안에도 책을 본다든지 낙서를 한다든지 하며 뜸을 소금도 고통스럽게 여기지 않는다면, 포기 그 이상의 뭔가를 한 게 된다. (……) 병에 걸린 몸으로 병을 즐길 줄 모른다면 살아 있어도 아무 재미가 없다.

— 마사오카 시키, 『마사오카 시키의 병상육척』에서

시키는 그 좁은 공간에 누워 있기에 보이는 사물의 결들, 들리는 소리들, 떠오르는 사유들을 놓치지 않고 글로 풀어 냅니다. 눈에 익은 도롱이부터 복어 모양의 초롱에, 장지문에 붙은 판화에, 또 조선 사람에게 선물로 받은 발이 바람에 살랑거리는 모습과 멀찍이 마당에 핀 온갖 풀꽃들에 눈길을 줍니다. 병상의 위안거리가 되라고 친구들이 보내 준 장난감을 이리저리 돌려 보며 장단점들을 찾아보기도 하고, 지방마다 다른 낚시 미끼들이나 음식을 떠올려 보면서 지방들 간의 차이를 생각해 보기도 합니다. 한자가 있는 신문은 읽어 주지 못하는 가족들을 보며 여성 교육의 문제를 고민하기도 하며, 가사일을 줄이기 위해 밥 공장을 구상해 보기도 합니다. 건강한 몸이었다면 무심코 지나쳤을 것들이 시키의 작은 병상에서 살아났습니다.

육척병상, 그것은 또 하나의 세계였습니다. 단 17자에 자연과 삶을 담은 하이쿠처럼, 시키는 자신만의 작은 공간을 만들어 간 것입니다. 그곳은 한편으로 희망이 0이 되는 자리였습니다. 미래에 대한 어떤 번민도 삶을 침범하지 못하는 하나의 세계. 시키는 그렇게 열반과 구원의 장소는 다름 아닌 삶 그 자체라는 것을 깨닫습니다.

> 나는 지금까지 선종(禪宗)에서 말하는 소위 깨달음이라는 것을 오해하고 있었다. 깨달음이란 어떤 경우에도 아무렇지 않게 죽는 것으로 알고 있었는데 그것은 잘못이었다. 깨달음이란 어떤 경우에도 아무렇지 않게 살아 있는 일이었다.
>
> — 마사오카 시키, 『마사오카 시키의 병상육척』에서

이반 일리히,
고통조차
삶이 되는 길

여기 두 죽음이 있습니다. 첫 번째는 피터라는 대학교수의 죽음입니다. 그는 여행 중 목에 난 혹을 발견했습니다. 집으로 돌아온 피터는 이 분야 전문가를 알고 있는 친구에게 연락을 해서 병원을 찾았습니다. 검사가 진행되었고, 결과는 암이었습니다. 의사는 강력하게 수술을 권했습니다. 수술은 비교적 간단할 것이며, 문제를 해결해 줄 거라는 이야기였습니다. 피터는 수술에 대해 뭔가 찝찝한 기분이 들었습니다. 하지만 권위적이지 않던 담당 의사는 피터에게 치료에 대해 상세하고 친절하게 설명을 해 주었습니다. 피터는 수술을 받기로 결정했습니다.

그러나 피터의 상태는 예상과 달리 심각했습니다. 암이 다른 부위로 전이되어 있었던 겁니다. 그렇게 두 번째 수술이 이뤄졌고, 화학 요법이 이어졌습니다. 그럼에도 상황은 날로 나빠졌습니다. 피터는 격리된 중환자실로 옮겨졌습니다. 그곳에서도 피터는 희망을 잃지 않고 끝까지 죽음과 싸움을 벌이다 숨을 거두었습니다.

또 다른 남자는 50대 중반에 뺨에 난 혹을 발견했습니다. 그러나 그는 피터와 달리 병원에서의 수술과 치료를 거부합니다. 시간이 흐르면서 혹은 포도 알처럼 커져 갔습니다. 그리고 10여년 후 암 진단을 받게 됩니다. 하지만 그의 마음은 변함없었습니다. 그는 자신의 혹과 일상생활을 계속해 나갔습니다. 그렇게 그는 고통과 함께 일상을 이어 나가다 76세의 나이로 생을 마감했습니다.

이 두 번째 죽음의 주인공은 '이반 일리히'입니다. 혹이 날 즈음 이반 일리히는 독일의 한 대학에서 학생들을 가르치고 있었습니다. 하지만 일리히는 강단에 선 여느 교수와는 다른 삶의 이력을 가지고 있습니다. 1926년 오스트리아 빈에서 태어난 일리히는 이탈리아 피렌체를 거쳐 로마에서 공부를 한 후, 1951년 25세가 되던 해 사제 서품을 받았습니다. 이후 일리히는 미국의 이민자들, 남미의 토착민들과 생활하며 무차별적으로 밀려드는 현대 문명이 어떻게 우리 삶을 짓밟는지를 목격하게 됩니다. 이때부터 일리히는 현대 문명과의 싸움을 시작합니다. 그의 이런 싸움은 당시 권력의 편에 서 있던 로마 교황청과 마찰을 빚었고, 결국 일리히는 스스로 사제직을 내려놓기에 이릅니다. 일리히는 철학과 역사, 언어학과 경제학 등 다양한 분야를 가로지르며 자신의 사유를 벼려 나갔습니다. 그의 문제의식의 뿌리는 현대 문명이 인간다운 삶을 박탈한다는 것이었습니다. 일리히가 자신의 혹에 대해 가졌던 태도 또한 이로부터 나온 것입니다.

일리히의 죽음은, 피터에 비해 낯설게 다가옵니다. 아니, 무모하게 보입니다. 마치 죽기로 작정한 사람처럼 보이기 때문입니다. 네, 맞습니다. 일리히는 죽어 가기로 결정했습니다. 하지만 일리히에게 그 결정은 살아가기를 선택한다는 의미였습니다.

고통의 기예

오늘날 우리에게는 고통과 질병, 그리고 죽음이라고 하면 가장 먼저 '병원'이 떠오릅니다. 이런 면에서 피터의 죽음은 우리에게 익숙합니다. 암에 걸리면 병원을 찾아 수술을 하고, 안타깝게도 상황이 나빠지면 병원에서의 긴 투병 생활 끝에 죽음을 맞이하게 되는 것이죠. 그러나 오늘날 대부분의 사람들이 걷게 되는 이 길은 현대 문명과 함께 새롭게 출현한 현상입니다.

과거 모든 문화는 고통과 질병, 그리고 죽음에 대해 나름의 대처 방법들을 가지고 있었습니다. 오랜 세월을 함께해 온 공동체들 삶의 양식 속에는 고통을 통과하고, 질병을 치유하며 죽음에 이르는 그들만의 독특한 지혜가 들어 있는 겁니다. 그런 방법들이 주술적이라고, 혹은 과학적이지 못하다고 얘기할 수도 있습니다. 하지만 중요한 것은 그 효과적 측면이 아닙니다. 과거 치유와 죽음의 문제는 오늘날 과학화된 의료와는 전혀 다른 맥락과 목적을 가지고 있었기 때문입니다.

과거에는 오늘날 우리가 쓰는 '병에 걸렸다'든지, '어떤 병이 있다'는 식의 표현이 사용되지 않았습니다. 이런 식의 표현은 병을 삶과 떨어져 있는 독립적 실체로 바라볼 때 가능합니다. 현대 의학은 바로 이런 시각 위에 서 있습니다. 그래서 우리 존재와 별도로, 병을 떼어 낼 수 있고, 치료할 수 있다는 생각을 할 수 있습니다. 우스갯소리로, "수술은 잘 되었습니다. 하지만 환자는 돌아가셨습니다."라는 말이 나올 수 있는 배경도 여기에 있습니다.

현대 의학은 고통, 질병, 죽음을 우리 존재와 떨어진 하나의 실체로 보면서, 이것들을 삶에서 볼아낼 수 있는 것처럼 다룹니다. 현대의 위생이란 바로 이런 것들을 제거하는 데 그 목적을 두고 있습니다. 어떻게 하면 질병에 걸리지 않을 수 있는지, 어떻게 하면 죽음을 지연시킬 수 있는지에 초점을 맞추고 있는 겁니다.

하지만 하나의 생명체로서 병과 죽음, 그리고 고통은 결코 피할 수 없는 것이자, 맞이할 수밖에 없는 삶의 사건입니다. 과거의 문화들은 이를 명확하게 인식했습니다. 그렇기에 그들에게 위생이란 병과 죽음을 피할 수 있는 방법이 아니었습니다. 오히려 이를 잘 통과할 수 있는 지혜, 이른바 '고통의 기예'야말로 피할 수 없는 이 사건 앞에서 우리가 취할 수 있는 삶의 위생이라 생각했습니다. 고통을 제거하는 데 그 목적을 두기보다는 고통을 이해하고, 고통을 삶과 하나로 만들어 나가는 것입니다.

삶과 맞서는 것이 아니라, 삶으로서 병과 삶으로서 죽음. 이러한 사유를 가졌던 과거 공동체들은 '병에 걸렸다' 대신에 '아프다'는 표현을 사용했습니다. 이는 아프다는 것을 먹다, 자다, 사랑하다, 싸우다와 마찬가지로 삶의 한 양태로 생각했다는 것을 의미합니다. 그렇기에 치유 역시 삶의 맥락 위에서 이루어졌습니다. 단순히 병을 몰아내는 치료에 초점을 맞추는 게 아니라, 아픔이라는 삶 그 자체를 살아가는 삶의 능력을 배워 나가는 것입니다. 잘 먹고, 잘 자고, 잘 사랑하는 법을 익혀나가듯, 잘 아플 수 있는 법을 찾아 나가는 것이죠.

과거 문화가 생각했던 이런 건강을 위해 필요했던 것이 바로 고통의 기예입니다. 사람들은 고통의 기예를 훈련하고 익히며 고통을 살아가는 자신만의 삶의 양식을 만들어 갔습니다. 오늘날 비과학으로 치부되는 그들의 치유 행위는 이를 도와주는 방편이었습니다. 그리고 이 과정에서 고통받는 자를 배려하고 함께 살아가는, 그 공동체만의 특유의 문화가 생성되었습니다.

> 모든 전통적 문화는, 각 개인이 고통을 참을 수 있고, 질병이나 부상을 이해할 수 있고, 죽음의 그림자를 의미 있게 하는 방법을 갖추게 하는 능력으로부터 그 위생적 기능을 끌어낸다. 그와 같은 문화에서 건강 관리는 언제나 먹고, 마시고, 일하고, 호흡하고, 사랑하고, 정치를 하고, 운동을 하고, 노래를 하고, 꿈을 꾸고, 싸움을 하고, 고통을 받는 것을 위한 계획인 것이다. 치유한다는 것은 대부분은, 사람들이 치료받는 이를 위로하고, 배려와 안락을 부여하는 전통적인 방법이며, 병자 치료의 대부분은 고통받는 사람들

에게 베푸는 관용의 한 형태이다.

— 이반 일리히, 『병원이 병을 만든다』에서

이반 일리히가 이해한 병과 죽음은 이런 것이었습니다. 그러나 현대 의학은 우리가 가졌던 고통에 대한 이러한 지혜들을 모두 쓸어버렸습니다.

삶의 능력을 빼앗은 현대 의학

현대 의학은 병원이라는 제도에, 그리고 이를 중심으로 생산되는 지식에 건강에 대한 유일한 권리를 부여합니다. 과거 각각의 문화가 가졌던 고통의 기예는 모두 추방되며, 우리 스스로가 자신의 병과 고통을 다루려는 욕구는 부정되는 것이죠. 이와 함께 병과 치료에 대한 우리의 상상력은 병원으로 국한되어 버렸습니다. 아프면 병원에 가는 것 말고, 건강에 대한 우리의 자율적 선택권이란 거의 없는 것이죠.

물론 우리는 과거와는 비교할 수 없는 깔끔한 환경에서 최첨단의 약품과 장비들로 효과적인 치료를 받게 되었습니다. 하지만 이 치료에서 고통은 혐오스러운 것으로 취급됩니다. 마치 고통 없는 삶이 가능하기나 하다는 듯, 끊임없이 고통을 몰아낼 것을 우리에게 주문합니다. 문명의 진보란 고통의 감소와 동의어로 여겨지고, 최고의 덕은 고통의 최소화에 있게 되는 겁니다. 어떤 대가를 치르더라도, 설령 삶의 활기를 잃어버리더라도, 삶에 대한 자율성과 독립성을 희생해서라도 고통을 없앨 수만 있다면 모든 것이 허용된다는 사고, 이것이 현대 의학을 떠받들고 있습니다.

이 속에서 기술에 의한 고통의 처리만이 기형적으로 비대해졌습니다. 이제 우리는 병원을 빼놓고는 건강을 상상하지 못하며, 고통을 제거하는 것 말고는 고통을 다루는 지혜를 알지 못합니다. 그래서 우리는 언제 찾아올지 모를 고통에 끊임없는 불안을 느끼며 살아갑니다. 이를 해결할 방법은 병원에 갈 돈을 열심히 모으는 것이거나 병원비 절약을 위해 보험을 들어 두는 것이죠. 하지만 이는 해결책이 되어 주지 못합니다. 고통의 기예가 없는 한, 건강에 대한 불안은 나날이 커져 가며, 그럴수록 병원에 더욱 의존하게 될 겁니다.

현대 의학에서 비롯된 고통에 대한 혐오는 또 다른 문제를 야기합니다. 진통제 권하는 이 사회에서 고통에 대한 우리의 경험은 일천하며, 이것이 삶을 왜곡시키는 것입니다.

고통에 대한 감수성이 더욱 저하되면 인생의 소박한 기쁨과 즐거움을 경험하는 능력도 줄어든다. 마취된 사회에서 사람들에게 살아 있다고 하는 감각을 부여하기 위해서는 더욱 강력한 자극이 필요하게 된다. 약품, 폭력, 공포가 자아의 경험을 아직도 이끌어 낼 수 있는 아주 유력한 자극이다.

— 이반 일리히, 『병원이 병을 만든다』에서

마취된 고통은 마취된 삶이며, 여기서 우리는 우리의 존재를 느낄 자연스러운 기회를 상실합니다. 그래서 우리는 존재감을 느끼기 위해 인위적이며 강력한 자극들을 욕망하게 됩니다. 마취된 신체에게 일상에서 만나는 작은 기쁨들은 아무런 자극이 되지 못하는 것이죠. 그렇기에 현대 사회에서 자주 접하게 되는 폭력들은 존재적 감각을 되찾으려는 현대인의 몸부림일지도 모릅니다.

그러나 이 모든 원인을 단지 병원이라는 제도에, 이를 앞세운 현대 의학에 돌릴 수만은 없습니다. 사실 오늘날 많은 사람들이 현대 의학에 대해 비판적 시선을 갖고 있습니다. 그래서 병원이 아닌 자신만의 치료를 찾으려는 노력들을 주변에서 쉽게 접할 수 있습니다. 스스로 병을 치료하기 위해 현대 의학뿐만 아니라 대체 요법까지 두루 섭렵하며 열심히 정보를 수집하고 공부하는 것이죠. 하지만 대부분의 경우 이런 노력은 장소만 달라졌을 뿐, 고통과 병에 대한 관점은 현대 의학과 별반 다를 바가 없습니다. 고통과 병은 여전히 삶과 분리된 독립된 실체로 여겨지며, 고통을 제거하고 병을 피하기 위한 방법을 찾는 데 급급한 것이죠. 간단히 말해, 우리는 이제 우리 스스로 병원 놀이를 하고 있는 형국입니다.

> 오늘날 사람들은 모두 자신과 주위 사람에게 전문적인 치료를 해 주는 방법에 대해 배우고 있다. 의료에 문외한인 보통 사람이 전문적 치료를 흉내 내고, 그리하여 전문적 치료가 자가 치료화되는 일이 그 정점에 이르렀다.
>
> — 이반 일리히/데이비드 케일리, 『이반 일리히의 유언』에서

일리히가 거부한 것은 병원 그 자체라기보다는 현대 의학이 주는 건강에 대한 상상력입니다. 건강은 아프지 않은 것이 아니라, 아프지만 그럼에도 삶을 만들어 나갈 수 있는 데 있습니다. 인간은 누구나 이런 능력을 가지고 있습니다. 과거의 모든 문화가 이를 증명해 주고 있는 것입니다. 그렇기에 일리히는 현대 의학 앞에서 당당하게 말합니다.

"아니오, 사양하겠습니다!"

고통조차 삶이 되는 길

시간이 지나면서 일리히의 혹은 서서히 커져 갔습니다. 혹이 자

라는 오른쪽으로는 움직이기가 어려워졌을 뿐만 아니라, 말하고 듣는 데에도 문제가 생겼습니다. 커진 혹이 신경을 누르면서 엄청난 고통이 그를 찾아왔습니다. 책을 읽고 생각을 할 때도, 잠을 잘 때도 극심한 어려움을 겪어야 했습니다. 혹은 일상을 끊임없이 방해하며 일리히를 고통 속에 밀어 넣었습니다.

일리히는 이 고통을 통과하는 자신의 길을 찾아 나갔습니다. 요가와 호흡 조절을 하기도 했으며, 스스로 침술을 사용해 고통을 가라앉히기도 했습니다. 어떤 방법에도 고통이 말을 듣지 않게 되자, 생아편을 사용하기도 했습니다.

아편을 비롯해 일리히가 취했던 조치들은 단순히 고통을 몰아내기 위해 마련된 진통제가 아니었습니다. 만약 그저 고통을 없애기를 원했다면, 병원을 찾는 편이 훨씬 나았을 것입니다. 그러나 그가 바란 것은 고통과의 싸움도, 고통의 제거도 아니었습니다. 일리히는 고통에 적응하기를 바랐습니다. 아픈 존재로서 친구들을 만나고, 이야기를 나누며, 학생들을 가르치고, 때로는 여행을 하며 살아가는 길을 열고자 한 겁니다. 혹이 없을 때는 혹이 없는 삶을 살아갔듯, 이제 필요한 것은 혹이 생긴 자신과 살아가는 법이었습니다. 그러기 위해서는 삶의 새로운 균형을 찾아야 했기에 요가와 호흡 조절, 침, 아편을 방편으로 삼았던 것뿐이었습니다.

일리히는 자신의 고통을 통과하는 능력을 개발하고 훈련해야 한다고 생각했습니다. 고통은 삶의 한 단면이며, 그 고통을 삶과 하나로 만들 수 있을 때 비로소 온전한 삶이 가능하다고 믿었던 것입니다. 하지만 병원에서의 치료는 이를 허용치 않았습니다. 고통은 무조건적인 악이며, 이를 몰아내는 것만이 선으로 여겨졌습니다. 고통에 대한 이러한 부정은 일리히에게는 반쪽짜리 삶이자, 삶 그 자체에 대한 부정을 의미했습니다.

그렇다고 일리히가 모든 의료적 개입에 반대했던 것은 아닙니다. 그 역시 탈장 수술을 했으며, 치과에 가기도 했습니다. 그러나 일리히는 결코 자신의 삶 전체를 현대 의학에 내맡기지 않았습니다. 의학적 치료는 삶의 작은 조력자일 뿐이며, 스스로가 삶에 새로운 균형을 찾아 나가는 그만큼만 필요하다는 것이었죠. 그러나 일리히는 의학 시스템 속에 들어가는 순간, 자신의 이런 생각이 인정되지 않을 것이라는 사실을 알았습니다.

현대 의학은 인간에게 자신의 삶에서 고통과 질병을 다루는 능력이 있다고 생각하지 않습니다. 우리는 전문가가 아니며, 그렇기에 병과 치료에 대해 자율적 선택권을 가질 수 없습니다. 우리가 할 수 있는 일이라고는 컨베이어 벨트에 실린 물건들처럼, 환자가 되어 정해진 치료 경로들을 옮겨 다니는 것입니다.

더욱이 현대 의학은 병의 관점에서 삶을 바라봅니다. 병원에서의 우리는 병에 따라 분류된 한 명의 환자가 되어서, 의학적 지식에 따라 정해진 치료를 받을 뿐입니다. 병원 밖에서 자신의 이름을 가지고 독특한 존재로서 살아가고자 했던 우리의 모습은 모두 날아가 버리는 것이죠. 일리히는 그렇게 살고 싶지 않았습니다. 이름 없는 환자로 고통과 싸우다가 죽기보다는, 끝까지 일리히로 살고 싶다는 것. 그것은 고통마저도 삶이 되는 그런 존재가 되는 길이라는 것. 그렇기에 일리히는 죽어 가기를 선택했습니다.

일리히의 죽음, 일리히라는 물음

일리히의 친구이자 피터의 투병 생활을 지켜봤던 리 호이나키는 병원에서의 피터의 모습을 이렇게 기억합니다.

> 지난 한 해 동안 나는 내 눈앞에서 피터가 죽어 가는 모습을 지켜보았다. 나는 하나의 극단적이고 과장된 형태로, 현대적인 제도가 한 개인에게 무엇을 할 수 있는가를 보아 왔다. 필연적인 단계를 하나씩 차례대로 밟으며, 언제나 보살핌이라는 구실 밑에서, 오로지 도움을 주겠다는 동기를 가지고, 또 항상 나무랄 데 없는 과학적 자격 증명을 토대로 하여, 의료 시스템은 한 개인을 가차없이 추상적인 일인칭 복수인 빈껍데기로 만들어 버렸다. 흰 가운을 걸친 오늘의 사제단이 지식과 진보 혹은 아마도 '교만(hubris)'

의 제단에 그를 제물로 바친 것이다. 그 누구도 이 끔찍한 사태로부터 교훈을 얻은 것 같지 않다. 의사들과 그들의 과학 기술은 그가 죽음에 이르기 전에 이미 그를 죽였다. 내가 내 눈앞에서 진행되고 있는 사태를 직접 목격하지 않았더라면, 나는 그토록 기괴한 살인 행위가 있을 수 있다고 믿지 않았을 것이다. 피터는 이제—인간답게—죽을 수가 없게 되었다.

— 리 호이나키, 『正義의 길로 비틀거리며 가다』에서

병원에 들어가기 전, 피터는 자신의 삶을 스스로 일궈 나가기 위해 애쓰던 친구였습니다. 하지만 하얀 침상에 누워 있는 피터에게서는 그런 모습을 전혀 찾아볼 수 없었습니다. 그가 하는 이야기를 듣고 있노라면 한 권의 의학 교과서와 마주하고 있는 듯했습니다. 그 속에 등장하는 '나'라는 주어는 더 이상 피터가 아닌, 여타의 다른 환자들을 대신하는 '추상적인 일인칭 복수'였습니다. 피터는 그렇게 자신의 삶으로부터 소외되어 있었습니다.

피터를 통해 현대 의학은 이렇게 말하는 듯 했습니다. '나에게 삶을 다오, 그러면 너에게 생명을 주겠다'라고. 그러나 피터라는 존재가 없는 생명이란 과연 무엇일까요? 죽어 가는 삶과 연장되는 생명이라는 이 삶과 생명의 분리는 현대 사회에서 등장한 기괴한 살인 행위가 아니면 무엇일까요? 피터는 죽기 전에 이미 죽었습니다.

안타깝게도 오늘날 대부분의 사람이 맞이하는 죽음도 이와 별반 다르지 않습니다. 죽음 하면 떠오르는 것, 그것은 병원 침대, 온갖 의료 장비들, 바이탈 사인이 떠 있는 모니터, 그리고 죽음을 알리는 '삐' 소리입니다. 여기서는 죽어 가는 자도, 가족과 친구들도 모두 엑스트라가 되어 있을 뿐이죠. 이런 죽음의 바탕에는 죽음을 삶과 맞서는 것으로 여기는 현대 의학이 있습니다. 죽음을 몰아내는 노력이 곧 삶의 의미로 여겨지는 것이죠. 그러나 일리히는 죽음과 싸우고 싶지 않았습니다. 삶을 온전히 마무리 짓는 일은 '언제' 죽는가가 아니라, '어떻게' 죽느냐에 달려 있기 때문입니다.

일리히는 좀비처럼 삶을 잃어버린 생명이 되기보다, 한 인간으로서 고귀하게 죽고 싶었습니다. 그것은 죽음이 오는 그 순간까지 삶에 대한 품위를 잃지 않고 끝까지 일상을 살아 나가는 것이었습니다. 고통의 기예를 통해 먹고, 마시고, 일하고, 운동하고, 웃고 떠들며 우정을 나누고, 때로는 싸우고, 때로는 아픔을 느끼면서 기꺼이 죽음을 맞이하는 일리히. 그의 이런 모습에 대해 데이비드 케일리는 이렇게 말합니다.

> 그는 자신에게 남은 기간을 뛰어난 유머를 곁들인 충분한 토론

과 조언을 하는 데 썼으며, 다양한 삶의 즐거움을 누리는 편안함과 친절한 배려, 그리고 크나큰 자긍심 속에 이를 행하였다. 생의 끝에서 그는 자신의 컵을 마지막까지 다 비운 뒤 어느 날 아침 평화롭게 이 세상을 떠났다. 그를 잘 아는 사람들은 아무도 그가 '암으로' 죽었다고 함부로 말하지 않을 것이다.

— 이반 일리히/데이비드 케일리, 『이반 일리히의 유언』에서

두통만 와도 어쩔 줄 몰라 하는 우리에게 일리히가 걸어간 길은 어리석어 보이기도 합니다. 효과적인 병원 치료를 내버려두고 굳이 어려운 길을 택한 사람처럼 느껴지는 것이죠. 일리히의 삶은 아픔과 죽음에 대한 정답이 아닐지도 모릅니다. 그러나 한 가지 사실만은 분명합니다. 일리히는 자기 삶의 주인으로서 온전히 일리히로 살았고, 온전히 일리히로 죽었습니다. 그리고 이제 우리는 일리히로 인해 이 현실에서 다른 고통, 다른 죽음을 상상할 수 있게 되었습니다. 일리히는 우리 삶에 던져진 질문입니다.

어떻게 아플까, 어떻게 죽을까, 라는.

사람은 왜 05 생명
사람은 왜 아플까

2017년 3월 15일 처음 찍음 | 2020년 3월 10일 세 번 찍음

지은이 신근영
펴낸곳 도서출판 낮은산 | 펴낸이 정광호 | 편집 강설애 | 디자인 박대성 | 제작 정호영
출판 등록 2000년 7월 19일 제10-2015호
주소 04048 서울 마포구 어울마당로5길 16 반석빌딩 3층
전화 02-335-7365(편집), 02-335-7362(영업) | 팩스 02-335-7380
홈페이지 www. littlemt.com | 이메일 littlemt2001ch@gmail.com
제판·인쇄·제본 상지사 P&B

ISBN 979-11-5525-081-5 44100
ISBN 979-11-5525-027-3 44080 (세트)

이 도서의 국립중앙도서관 출판예정도서목록(CIP)은 서지정보유통지원시스템 홈페이지(http://seoji.nl.go.kr)와 국가자료공동목록시스템(http://www.nl.go.kr/kolisnet)에서 이용하실 수 있습니다. (CIP제어번호 : CIP2017005818)